Interventi

Ileana Argentin

CHE BEL VISO... PECCATO

La mia vita con l'handicap

DONZELLI EDITORE

via Mentana 2b
INTERNET www.donzelli.it
E-MAIL editore@donzelli.it

ISBN 978-88-6036-142-4

Indice

Che bel viso... peccato

A mia madre e a mio padre
per avermi regalato la vita

Anna Maria

Sono una donna felice, pensavo guardando Patrizia, la mia primogenita distesa nel suo lettino coperta da un lenzuolo di pizzo bianco e giallo.

L'emozione che mi avvolgeva era così forte da farmi perdere la cognizione del tempo, tanto che il caffè sulla macchina del gas, che bolliva, mi svegliò come d'incanto dal mio sogno lucido. Andai di corsa a spengere il fuoco attraversando la mia casa da giovane sposa, piena di oggetti e mobili nuovi. Questa atmosfera rafforzava dentro di me l'entusiasmo per la vita e la giornata che avrei affrontato.

Patrizia si svegliò e dopo un'ora eravamo fuori al parco con i bambini e le altre mamme a parlare di ricette e di abiti alla moda. Più tardi tornò mio marito Giorgio dal lavoro; tutti e tre cenammo nella nostra cucina verde smeraldo, ridendo e scherzando sulle buffe parole della nostra adorata bambina.

Da lì a poco tempo mi trovai ad aspettare un secondo figlio e tutto ciò accrebbe in me la serenità e la gratitudine verso la Madonna, che tanto mi aveva dato, e divenni sempre più grata ai miei genitori per avermi messo al mondo.

A sedici anni avevo sposato Giorgio, che ne aveva dieci più di me. Mio padre considerò questa decisione un grave errore perché non avrei proseguito gli studi e avrei smesso di vivere con leggerezza e spensieratezza la mia adolescenza. Non mi sono mai pentita, Giorgio è l'uomo che amo e che spero divida con me tutta l'esistenza.

Anche la nascita di Ileana, la mia seconda figlia, fu un evento straordinario. La bambina era sana e bellissima, aveva una testa tonda piena di capelli neri che sembravano velluto e due grandi occhi azzurri, un nasetto all'insù perfetto, un prodigio terreno.

Ci chiedevamo spesso se queste due figlie, così affettuose e belle, fossero veramente nostre. Pur essendo noi un uomo e una donna di bell'aspetto, ci sembrava troppo.

Patrizia accolse Ileana con grande felicità, non fu mai gelosa e, anche se solo tre anni e mezzo le separavano, la bambina si pose verso la sorella come una piccola mamma. La sua vita era cadenzata dalle poppate e dai sonni della neonata, il suo amore era riverente e totale.

I primi mesi di Ileana furono tranquilli e pieni di allegria.

La piccola cresceva un chilo e due al mese, e Patrizia, che aveva sempre mangiato poco, con l'arrivo della sorella cominciò a pranzare e cenare senza creare più nessun problema.

Avevo tutto, come dico oggi, forse troppo. Facevo la mamma e la moglie a tempo pieno ed ero soddisfatta delle mie amicizie di quartiere con le quali condividevo compleanni e acquisti per i bambini. I miei suoceri e la mia famiglia stavano bene, insomma nulla si frapponeva tra me e la felicità.

Ad un anno di vita di Ileana cominciarono i primi problemi.

La piccola, infatti, nel fare i primi passi metteva un piedino storto. Mi rivolsi subito a un pediatra, il quale mi rassicurò dicendo che la bambina era un po' pesante e che con il tempo sarebbe passato tutto. Mi consigliò delle scarpette correttive e mi suggerì di non dare troppa importanza a un atteggiamento viziato che era tipico di molti bambini.

Purtroppo le cose non andarono così e di lì a pochi mesi l'insistenza di mio marito e dei miei suoceri mi spinse ad andare da molti altri ortopedici.

Tra questi il primario dell'ospedale Bambin Gesù di Roma, il quale come un fulmine a ciel sereno mi lanciò in faccia la diagnosi di Ileana: mia figlia era stata colpita dalla poliomielite e io ero una mamma incosciente e troppo giovane che non se ne era accorta.

Cominciarono le prime terapie, la nostra vita da serena e tranquilla divenne un inferno, Ileana peggiorava sempre di più e a due anni smise completamente di camminare.

La mia disperazione non trova parole per essere raccontata, posso solo dire che il mondo da amico mi divenne nemico.

Non persi però mai la speranza e cominciai a passare da un ospedale all'altro, incontrando medici di ogni tipo e professionalità; non mancarono nei miei pellegrinaggi di dolore anche le visite a chiese, basiliche e luoghi di culto per invocare la grazia. Speravo che Dio facesse qualcosa per far camminare la mia creatura, ma nessuno mi ascoltò.

Purtroppo solo a sei anni avemmo la diagnosi definitiva; non era poliomielite, bensì distrofia muscolare, anzi: amiotrofia spinale, per essere più precisi. Questo voleva dire che la malattia era molto più grave e che non comportava soltanto la paralisi dei muscoli delle gambe, ma di tutti quelli del corpo. Mi dissero che ben presto mia figlia sarebbe morta.

Io non ci ho mai creduto. Mia figlia sarebbe vissuta accanto a me e nessuno me l'avrebbe mai portata via.

Fu un periodo terribile, la bambina non capiva cosa stesse succedendo e dai suoi ritmi armoniosi passò a far battaglie con me, suo padre e sua sorella, dovendo avere a che fare ogni giorno con medici, infermieri e fisioterapisti.

Ileana ha sempre mostrato d'essere una bambina forte, non si è abbandonata al dolore né alla disperazione della sua immobilità. La sua infanzia è stata accompagnata da tutti gli sforzi possibili che come madre ho fatto per farla vivere e sentire una bimba come le altre.

Patrizia con fatica accettò e con più fatica ancora Giorgio, ma per me la ferita non si è mai rimarginata.

Ho vissuto questi quarantatre anni, l'età di Ileana, senza mai darmi e darla per vinta, sono felice di mia figlia, della mia famiglia, e tutto è sempre andato al meglio, crisi respiratorie a parte.

Giorgio

Anna Maria mi piaceva per la sua ingenuità.

Mia madre mi diceva sempre che facevo una vita da scapestrato, troppe donne e troppe moto.

Mi è apparsa la prima volta come una giovane ragazza timida e di una bellezza pulita, me ne innamorai subito.

Ci sposammo dopo tre anni, nonostante lei fosse molto giovane. Il nostro matrimonio fu il preludio a una gioia immensa e si coronò con la nascita delle mie due figlie.

Patrizia la volle Anna, e Ileana fu il frutto del mio desiderio di un secondo figlio.

Annotai sul calendario il giorno in cui la concepimmo, tanto che dopo nove mesi esatti alla stessa ora lei nacque. Era il 29 marzo 1963, ore 15.15, 3 chili e tre.

Io volevo tanto un figlio maschio, ma quando la vidi nelle braccia di sua mamma capii che niente di meglio avremmo potuto fare.

Andai a trovare in ospedale Anna Maria insieme a Patrizia, che si affidava a me per conoscere la sorella dandomi la sua manina morbida. Patrizia aveva un cappellino rosso con le fragoline quel giorno e un cappottino dello stesso colore. Quasi impazzì quando vide la sorella, ma si tranquillizzò subito appena le promettemmo, io e la mamma, che saremmo tornati a casa tutti insieme il giorno dopo. E così fu.

In quel periodo lavoravo fuori Roma. Partii dopo pochi giorni con il dolore di lasciare tutto quello che avevo. Ormai ero un padre a tutti gli effetti e dovevo mantenere i miei cari. Le settimane passavano veloci nei miei cantieri, ma i fine settimana con Anna Maria e le mie figlie volavano. L'unica consolazione era il pensiero che arrivasse il sabato.

Ogni volta che tornavo trovavo Ileana che dormiva. Un giorno, non potendomi più trattenere, la svegliai provocando le ire di mia moglie. Fu una delle prime volte in cui ebbi l'opportunità di vedere i suoi occhi che mi guardavano come stelle illuminate dalla luna. Non dimenticherò mai il suo sguardo, era mia e nessuno me l'avrebbe mai toccata.

Anna Maria, intorno ai nove mesi della piccola, iniziò a raccontarmi dei suoi dubbi sul piedino sinistro della bambina. La spinsi, letteralmente, a correre dal medico e quando ci dissero che non era nulla fui l'uomo più felice del mondo.

La diagnosi drammatica di qualche tempo dopo fu per me il buio, non la volli accettare, anzi non l'ho mai accettata.

Mi sono illuso, per tutta la vita, che il mio lavoro fosse divenuto l'unica cosa importante e mi ci sono buttato a capofitto, ma non è bastato. Volevo mia figlia sana come gli altri padri e non potevo rimanere e percepirmi impotente, dovevo cambiare le cose. Non ci sono riuscito, non me lo perdonerò mai.

Perché? Patrizia sì e lei no, le amo nello stesso modo! Perché non sono riuscito a dare a tutte e due la stessa autonomia?

Mille domande dal giorno che venni a sapere dell'amiotrofia spinale che colpiva il corpo della mia bambina, a cui non ho mai saputo dare una risposta.

Sono anni che fingo che tutto vada bene, lo devo ad Anna e Patrizia, ma così non è. Sono disperato, nel buio dell'infelicità.

Ileana ci ha ricompensato di tutto. L'amo più di ogni altro essere al mondo, ma guai a farmi vedere altri medici o camici bianchi. Troppe speranze e illusioni elargite gratuitamente, disattese. Detesto la classe medica e gli operatori sociali. Mia figlia è viva perché io e Anna l'abbiamo amata. Nessuno ci ha aiutato.

Ora però possiamo gridare ad alta voce che l'amore è un rimedio insostituibile e che nostra figlia è una gran donna, lo è con tutte le sue difficoltà fisiche.

Ileana non mi lascia mai solo, in compagnia della sua disabilità, fa di tutto con parole e fatti per dimostrare al mondo le sue potenzialità rivendicandole con lucidità ed estrema intelligenza.

Oggi sono un padre realizzato, Patrizia mi ha dato due splenditi nipoti, Monica e Alessandro, che hanno portato la mia rabbia di padre a stemperarsi nel mio entusiasmo di nonno.

Ileana ha un compagno, vive da sola, e fa il consigliere comunale a Roma. Molti padri sarebbero felici per la metà di queste cose, ma ogni volta che penso a quando non ci sarò più mi sale nuovamente la paura e l'impotenza per la mia creatura con i muscoli malati.

Patrizia

Ricordo tutto della mia infanzia, da mia madre adorata, con la quale dividevo i giochi e i sogni, fino ad ogni angolo della nostra grande e bellissima casa.

Papà ha sempre lavorato fuori, ma la sua presenza nella mia vita è stata insostituibile e ineguagliabile.

Mi sono sentita una figlia molto amata dai miei genitori e da loro ho avuto tutto ciò che ho desiderato.

Niente è stato mai scuro, la mia vita è un arcobaleno di colori sgargianti che negli anni mamma e papà mi hanno regalato.

Con mia madre ho sempre avuto un rapporto speciale, ci dividono solo diciassette anni di età, su di lei ho sempre potuto contare, come amica oltre che come figlia. Non mi ha mai tradito, né messa in discussione per altri.

La mia forte allegria è per lei un dono divino che il Signore le ha regalato. Non sono credente come lei, ma la sua fede non mi ha mai infastidita, anche perché non è mai stato uno strumento usato negativamente, per penalizzarmi o penalizzare.

A casa di mia nonna paterna ero la nipote più importante, forse perché portavo il loro cognome e sono la copia di papà dal punto di vista fisico. Lì giocavo con gli abiti e le scarpe più eleganti di nonna Lisa, e stavo in braccio per ore a mio nonno. Lui era burbero con tutti, ma con me era di un permissivismo totale, tutto quello che facevo aveva una ragione e nessuno poteva sgridarmi.

Anche con i nonni materni ho avuto un rapporto bellissimo e con nonna Piera andavo a fare shopping e al cinema. Vedevamo i film d'amore e western, lei trovava la scusa per uscire senza che nonno si arrabbiasse, e io mi divertivo moltissimo. Al cinema, quando nei film si baciavano, Piera mi metteva le mani sugli occhi o cercava di distrarmi comprandomi il gelato perché temeva che non fossero scene «belle» per una bambina di dieci anni. «Tutte quelle oscenità». Nonna è stata un punto fermo della mia vita. Oggi ha 96 anni, non può più uscire di casa, ma io non ho mai smesso di volerle bene. Di lei mi ricordo le grandi tombolate a Natale con i miei cugini e le meravigliose befane che arrivavano sotto la sua cappa in cucina; soprattutto ricordo il suo profumo di borotalco quando mi abbracciava e mi stringeva a sé.

La famiglia di mamma è numerosissima: sono cinque figli tutti sposati e con bambini, tanto che noi siamo undici cugini, tutti più o meno della stessa età, molto legati l'uno all'altro, e grazie alle nostre mamme abbiamo condiviso tutta la nostra infanzia e adolescenza.

La nascita di Ileana è un ricordo vivissimo nella mia mente. È stata una gran gioia l'arrivo di mia sorella e senza di lei mi sentirei spogliata di una parte della vita.

L'affetto che provo per mia sorella è superiore ad ogni altro, la stimo profondamente: esprime allegria, coraggio, determinazione, bellezza, intelligenza e comprensione.

Con lei ho sempre avuto un rapporto alla pari, anche se i suoi primi dieci anni sono stati per me una grande preoccupazione. La sua malattia le ha provocato quarantotto broncopolmoniti e spesso, la notte, si chiamava il dottore che l'avrebbe ossigenata. Questo però non creava tristezza in casa, perché mamma continuava ad accendere la musica e a ballare con noi, bombola dell'ossigeno compresa. Mi ricordo che Ileana aveva paura della mascherina, così mamma vestì la bombola da Cappuccetto Rosso.

Nessuno ha mai potuto dire che mia sorella era diversa dagli altri bambini, perché mamma continuava a rassicurarmi che così non era. La piccola era solo impossibilitata a camminare.

I nostri giochi furono, molti, sul lettone dei miei. «Lilli», così era ed è chiamata da tutti noi Ileana, aveva sempre la febbre e dovendo stare al caldo si passava dai nostri lettini alla magica camera di mamma e papà.

Il mio gioco preferito erano le bambole, Lilli amava solo le Barbie, e così, mentre io cullavo la mia amata bambola Teresa, lei vestiva e spogliava le sue fotomodelle mandandole al ballo e facendole sposare ogni giorno con un principe diverso. I giochi «di mamma e figlia» l'annoiavano. Preferiva leggere i fumetti e i libri delle fiabe, tranne quando si andava in bagno e si lavavano i capelli alle bambole per renderle più belle e profumate.

Mia sorella è sempre stata un po' maniacale per l'estetica, mentre io ero e sono un tipo molto semplice nella ricerca della bellezza. Per lei i capelli non a posto erano e sono tuttora una tragedia, per cui molte volte passavo ore a pettinarla, anche se poi chi trovava una soluzione era sempre mia madre.

Non ho mai avuto problemi ad avere una sorella disabile, anzitutto perché lei era in grado di cavarsela benissimo, e poi perché mamma mi ha sempre detto che dovevo amarla così com'era, senza fare dei suoi problemi i miei. C'erano lei e papà ad aiutarla, io dovevo pensare alla mia vita.

Tutti mi chiedono se mi sono mai vergognata di lei perché era in carrozzina, perché tutti la guardavano, la fissavano. Forse la cosa mi disturbava, ma non credo di aver mai provato un sentimento di vergogna per quello che era Lilli. Sicuramente sono molto orgogliosa di mia sorella, a parte le figuracce che mi ha fatto fare con Andrea, il mio attuale marito, così come fanno tutte le sorelle più piccole. Non ho mai provato nessun sentimento che si avvicinasse alla vergogna.

Con lei ho condiviso la scelta del mio abito da sposa e delle bomboniere, anche se lei le trovava pacchiane e da «vecchi», gli studi per la maturità e per la patente, l'acquisto del primo motorino, i pianti la notte perché avevo litigato con Andrea, le scuse con papà per fare più tardi la sera, le mie gravidanze e la nascita dei miei figli. Insomma, tutto quello che si condivide tra sorelle senza chiedermi mai se l'handicap poteva cambiare le cose.

La nostra vera divergenza, invece, è sempre stata legata alle sue scelte e all'attività politica.

Fin dall'adolescenza ha sempre militato nell'estrema sinistra. Il suo anticonformismo ha turbato molte volte la serenità di casa nostra. Lilli ha fatto battaglie di ogni tipo, ha scelto un liceo che nel 1979 è stato bruciato dagli estremisti di destra; allora le cose erano diverse, ma lei ancora oggi vive bene in mezzo alle «guerriglie». Anche se è cambiata. Ora è iscritta ai Ds e non tollera più i «rifondaroli».

Ileana

La mia infanzia è stata accompagnata dalla presenza costante di mia madre e di mia sorella Patrizia. Mio padre lavorava fuori e lo vedevo solo nei fine settimana. La mia nascita ha scombussolato completamente i ritmi della mia famiglia, che da quanto mi raccontano era un po' stereotipata, genere «Mulino Bianco». A casa mia tutti sono belli e buoni e, a parte papà che si arrabbia spesso, ognuno trova la serenità nel ristretto nucleo familiare. Io fin da bambina mi sono sentita diversa da loro, avevo bisogno anche del mondo esterno e la mia vita è sempre stata arricchita dalla presenza di molte persone.

Da piccola sono stata molto male. La mia malattia mi ha «regalato» tanti momenti brutti, febbri, influenze continue e broncopolmoniti. Questo avveniva a causa della mia debolezza respiratoria, che è sempre stato il mio problema maggiore, e mentre chiunque mi vedeva pensava che il mio grande limite fosse l'immobilità degli arti, io ho sempre avuto una paura fottuta del mio rapporto con l'aria. L'ossigeno è intorno a noi e molte volte viene sottovalutato da chi non ne ha un bisogno matto, io ne so qualcosa. I miei muscoli polmonari faticano a fare entrare e uscire questo elemento che per me ha un sapore migliore della nutella quando si è depressi. Fortunatamente dopo l'adolescenza questa difficile situazione respiratoria ha trovato una sua stabilità e oggi, anche non avendo capacità polmonari complete, con il mio quaranta per cento circa di funzionalità vivo una situazione di «normalità».

Mamma aveva paura che io morissi, glielo avevano detto in tanti e tutti grandi medici; il destino però così non ha voluto e quindi, pur limitata nei movimenti delle braccia e delle gambe, non l'ho mai lasciata. Lei è una donna meravigliosa, molto bella. Lunghi capelli neri e grandi occhi azzurri. Non si lascia mai andare, può sembrare la fatina buona delle favole, è dolcissima e molto vezzosa nei movimenti e nel parlare, ma capace di forza estrema quando serve. Io non posso vivere senza la sua presenza, la stimo profondamente e so che, se mollo, posso dare inizio alla sua fine. Di conseguenza non mi sono potuta mai permettere, fin da quando ho l'età della ragione, di mostrare sofferenza o tristezza perché mi sono sempre sentita in debito sia con lei che con Patrizia e papà.

Voglio rispondere a tutte le loro attenzioni con una parvenza di serenità. Anche a tre anni avevo questa consapevolezza, per cui ho imparato a costruire il personaggio che per molto tempo ho interpretato.

I camici bianchi sono figure che mi hanno fatto a pezzi il cervello e il cuore fin dalla prima adolescenza.

Mi giravano intorno come mosconi e cercavano di rendermi assolutamente sana come gli altri bambini, ma io non volevo questo fin da quando ero piccina. Mi piacevo e stavo bene con me stessa: c'era mamma, la carrozzina, le scale che non si potevano fare, i miei amichetti, la pipì da trattenere se qualcuno non mi portava in bagno, ma poi c'ero io, con un piccolo, strano cervello che vedeva tutto rosa o meglio rosso, e quindi ero viva e felice di essere quello che ero.

Nei percorsi dei miei genitori alla ricerca del miracolo ho conosciuto baroni della medicina, santuari e tanti truffatori. Tutti parlavano sempre o di peggioramento o di guarigione, e mia madre e mio padre una volta a testa, con una tendenza percentuale superiore in mia madre, si innamoravano della cura e del soggetto. Come si dice a Roma «non ce volevano sta'», volevano a tutti i costi aiutarmi, e io me li guardavo pensando che per quanto potessi volergli bene, stavano davvero esagerando e che avremmo potuto fare viaggi e passeggiate al mare piuttosto che entrare sempre in quei luoghi dove la puzza della disperazione e del sanitario si univano in una miscela esplosiva di disagio e tristezza. Tutto questo mentre i miei cugini andavano a scuola e giocavano a pallone i maschi, con i pattini le femmine. Così Patrizia mi raccontava spesso quanto si divertissero quando tutti insieme giocavano o facevano il tifo, mentre io stavo con i miei dai dottori. Io non provavo invidia, né tanto meno avrei voluto fare le stesse cose, ero contenta che mia sorella si divertisse ma non capivo perché dovevo guarire a tutti i costi. Fu così che a dieci anni dissi ai miei genitori che ero stanca, stufa, che mi dovevano far vivere in pace così com'ero perché altrimenti sarebbe stato meglio morire. Loro ricordano ancora questo mio discorso e, come sempre hanno fatto, mi hanno rispettata. Ci siamo fermati a un'unica equipe di specialisti e da quel momento, oltre alla fisioterapia riabilitativa giornaliera e ai controlli periodici, non mi hanno più imposto l'idea della guarigione e del miglioramento. Loro probabilmente erano più stanchi di me e non mollavano perché volevano a tutti i costi espiare il loro «giustificato ma insensato senso di colpa».

In questi primi dieci anni della mia vita dalle otto del mattino alle quindici e trenta andavo in un centro di riabilitazione dove insieme a oltre trecento bambini disabili frequentavo le elementari e facevo terapie di ogni tipo. Il Nido Verde in via Papignano nel quartiere Balduina è stato il posto dove ho imparato le parolacce e i giochi più divertenti; la mia presenza era poco costante per via delle broncopolmoniti che mi costringevano a casa e in più, come tutti i bambini, per non andare a scuola facevo capricci a non finire preferendo stare con mamma piuttosto che con le maestre. Il centro era meraviglioso, in mezzo al verde, il mio gruppetto era di circa sette-otto bambini tutti poliomielitici e che venivano dalle parti più lontane e periferiche della città. Ancora oggi con alcuni di loro sono rimasta amica e ogni tanto riusciamo a vederci. Ci siamo quasi tutti laureati, alcuni si sono sposati e molti hanno figli. Insieme ne abbiamo combinate di tutti i colori e io sono stata sempre un po' la leader.

Maria Grazia era l'amichetta del cuore, ma anche con Elena giocavamo tanto. La prima oggi è un famoso medico, mentre la seconda è laureata in lettere e si è sposata con Domenico. Hanno una figlia bellissima e molto dolce che si chiama Irene. Tuttora mi prendono in giro perché sono sempre stata la più alternativa, e ho sempre fatto politica anche se non sapevo ancora cosa fosse. Mi ricordo ad esempio che se dicevamo le parolacce le assistenti ci facevano mangiare il sapone per punirci. Questa violenza scatenava la mia ribellione che si esprimeva nel coinvolgimento di un gruppo, il più ampio possibile, di bambini che mettevano in pratica lo sciopero della fame. I nostri familiari non sapevano niente, anche se mia madre e mio padre venivano sempre ripresi per il mio comportamento eccessivo. Per fortuna questi luoghi in cui si raccoglievano le persone disabili, oggi, grazie al principio dell'integrazione, non esistono più. Nei primi anni sessanta erano innegabilmente le uniche realtà esistenti per la riabilitazione.

Finalmente arrivarono gli anni delle medie e la mia famiglia mi mandò in una scuola di bambini normali, in via della Maratona a Corso Francia, zona Ponte Milvio. Il primo giorno di scuola è impresso nella mia mente. Con l'altoparlante ci chiamavano per dividerci nelle varie sezioni mentre ci accalcavamo di fronte a un'enorme scalinata per salire. La scuola l'aveva scelta mamma, dopo non poche difficoltà: la mia generazione è stata quella che ha fatto breccia nella normalità parlando di inclusione sociale, per quanto, allora, il concetto non fosse visto per niente di buon grado. L'ambiente era molto radical-chic, le bambine indossavano il grembiule nero con il colletto bianco mentre i maschietti pantaloni blu con golf blu e camicia bianca. La scalinata d'ingresso fu il mio primo problema, ma devo dire che con l'aiuto dei bidelli lo superai. Quando arrivarono le insegnanti che ci portarono nelle aule io mi sentii morire senza mamma, era veramente il distacco dall'assistenza e dall'amore familiare, insomma ero un po' come una bambina che affrontava la scuola per la prima volta. In classe eravamo ventuno, io non conoscevo nessuno e mi misero in un banco da sola. Pensai allora che dovevo fare qualcosa per esserci, ma non mi veniva in mente proprio nulla. Le prime due ore passarono con i miei pensieri che velocemente si alternavano a soluzioni impossibili. Decisi allora di darmi un tono e cominciai a seguire con un'attenzione assolutamente eccessiva. La prima giornata la superai, per quanto il peso degli sguardi dei miei compagni e di tutti gli studenti della scuola su di me, sulla mia testolina ancora poco pronta al confronto con i normodotati, fosse indescrivibile.

Mamma mi aveva sempre detto, quando io le chiedevo perché tutti mi guardassero, che questo accadeva perché ero bella e che non rappresentava un problema, ma era solo incapacità degli altri di nascondere le proprie curiosità. Non è che avessi mai creduto del tutto alla spiegazione di mia madre, però fanatica lo sono sempre stata, e la cosa non mi dispiaceva.

La scuola mi insegnò a far cadere questa prima certezza che mi aveva regalato anni sereni. Come dice Nanni Moretti nel suo film *Bianca*, capii subito che il problema di passare inosservata se andavo a una festa non ce lo avrei mai avuto, tanto che non ho mai cercato di farmi notare, come accade di solito agli adolescenti. Lo sguardo degli altri nella mia vita è sempre stato una conferma della mia esistenza, tanto che quando negli ultimi tempi qualcuno non mi guarda a causa del superamento delle barriere culturali e dell'ignoranza, mi sembra tanto strano e mi continuo a chiedere che cosa c'è che non va.

I ragazzini della scuola, il primo anno delle medie, furono spietati. In classe non mi parlava nessuno e fuori non avevo confronti possibili. In quei giorni non lo raccontai a mamma e a Patrizia perché non volevo che soffrissero; lo condivisi solo quando le cose cambiarono, e vi assicuro che il mutamento avvenne velocemente e in modo molto positivo. Ricordo ancora l'elenco dei miei compagni di classe: Alifredi, Argentin, Cauti, Cecchi, De Sena, De Vito, Fasolino, Ferranti, Garri, Incoccia, Lami, Lanzini, Panno, Piasini, Pineschi, Sabatucci, Scogliamiglio, Ugolini, Vitali. Penso che sia una forma di autismo questo ricordo. Non mi ha mai abbandonato, ma tanto disabile lo sono già, quindi un po' di più o un po' di meno non cambia niente.

La prima compagna con cui cominciai a parlare fu Chiara Incoccia, una ragazzina straordinaria, molto intelligente e carina. Piaceva a tutti i maschi della classe ed era anche tra le più brave. Oltre lei, Giovanna Lanzini, Cinzia Cauti, Melania Pineschi, Paolo Ugolini, Guglielmo Garri, Marco Ferranti e tutti gli altri divennero i miei amici più cari. Dividevamo i pomeriggi e le prime uscite serali. Si mangiava la pizza e alle dieci a casa. Le feste erano ogni giorno; la nostra sezione, la D, divenne famosa nella scuola, e tutti gli alunni dell'istituto cominciarono a frequentarci. Io all'epoca muovevo ancora le braccia e le mani, e quindi oltre a scrivere da sola tiravo cancellinate e gavettoni, come tutti gli altri.

Quando mi preparavo per andare a lezione, a una festa o al cinema, e mi guardavo allo specchio, non mi capitava mai di vedere la carrozzina, perché faceva parte della mia figura. Come per tutte le altre, i difetti potevano essere un brufolo o i capelli che non mi stavano mai lisci. Fin dall'infanzia ho avuto i capelli mossi e lunghissimi, tanto che ho sempre litigato con loro. L'estetica è sempre stata fondamentale per me e la responsabilità della mia immagine non è mai caduta sull'handicap. I miei limiti fisici non c'entrano nulla con la mia bellezza. Ho sempre pensato di curarmi al meglio per piacere piuttosto che perdere tempo lasciandomi andare a soluzioni impossibili per la mia situazione. Se le minigonne non mi stavano bene, mi rifacevo con un bel lucidalabbra o con gli orecchini, perché fare battaglie contro il mio corpo non mi portava da nessuna parte e io non avevo tempo da perdere, dovevo uscire e incontrare il mondo.

Il mio primo ragazzetto fu a dodici anni e mezzo, ero appena sviluppata e finalmente avevo le mestruazioni come le altre e potevo lamentarmi dei dolori e sentirmi femmina. Flavio era proprio carino. Tra gli studenti senz'altro era uno dei più all'avanguardia, molto impegnato in politica e con l'idea in testa che avrebbe inventato una macchina speciale per farmi viaggiare comoda con lui in tutto il mondo.

L'idea che i disabili sono asessuati non mi ha sfiorato neanche un po', forse perché non ho mai fatto finta di fare l'amica dei maschi come tutte le ragazze insicure, ma mi sono messa in gioco. Molte persone disabili, mie amiche, dicono che sono stata fortunata, ma io non credo che sia vero. La gente l'attrai se non crei problemi e se ognuno rispetta le incapacità degli altri. Il primo bacio con Flavio fu nel bagno della scuola; lui subito dopo il «grande evento» era terrorizzato, forse prese coscienza che aveva baciato una handicappata, ma il fatto che io lo lasciai subito dopo per farmi riconquistare gli diede il senso della normalità e gli fece perdere le sue paure da ragazzino omologato. Probabilmente si ricorderà ancora di quella tipa in carrozzina con cui ha avuto una storia e forse per lui in futuro sarà un'esperienza da raccontare ai nipoti.

In fondo noi disabili possiamo arricchire le persone normodotate di molti elementi in più. Non penso che siamo speciali, però credo che le differenze siano un patrimonio e i nostri limiti possono divenire strumenti per superare la noia del qualunquismo fisico e intellettuale. L'amore viene spesso letto come un sentimento che completa la vita degli uomini e delle donne. In parte è vero, ma è soprattutto emozione e attrazione, per cui l'idea sbagliata che i disabili sono amati perché comprensivi e intelligenti è molto lontana dalla mia esperienza personale in cui riconosco un possibile partner solo se mi piace. Il bello non è fuori dal contesto dell'handicap bensì ne fa parte, come avviene per tutti gli altri.

Il primo uomo che ho veramente amato è stato un gran bastardo, era un caro amico di mio cugino Armando a cui sono sempre stata molto legata. Questo ragazzo era a mio avviso di una bellezza assoluta. Alto un metro e novanta, con un corpo statuario, due grandi occhi verdi e una testa piena di ricci scuri. Di lui la cosa che mi piaceva di più era l'odore, profumava sempre, e la sua pelle per me era sorprendentemente attraente. Insieme al gruppo di amici di mio cugino l'ho frequentato molto e, devo dire, non c'è stata volta in cui il cuore non mi abbia battuto fortissimo in sua presenza. A lui piaceva la sorella di Armando, mia cugina Simona, e credo che all'inizio mi frequentasse per avvicinarla.

Con il tempo divenimmo amici, anche se da parte mia il sentimento era diverso. Lui aveva quasi diciannove anni e io quindici, ero in piena adolescenza e vicino alla mia bellissima cugina mi sentivo orribile. Spesso andavamo al mare, anzi per un periodo divenne il mio operatore personale, che mi prendeva in braccio, mi metteva nella macchina e sulla spiaggia mi spingeva con i suoi muscoli da superman. Per me era un vero e proprio Adone, forse a causa dell'età la passione che provavo è stata un'emozione che mai più ho vissuto, non con la stessa intensità. Moltissime sono state le risate, i discorsi politici, intellettuali, la musica che abbiamo condiviso, oltre alle passeggiate serali da soli o in compagnia, ma da parte sua mai niente. Solo un grande affetto che io interpretavo, ovviamente, come una quindicenne che cerca segni e parole di conferma del proprio interesse. Dopo un paio d'anni mi decisi: ci parlai. Mi aspettavo da lui un rifiuto, una non accoglienza, invece mi scoppiò a ridere in faccia. Non credo che potrò mai dimenticare quella scena. I miei sentimenti venivano strapazzati da un idiota qualunque senza che io avessi strumenti per difendermi. Per un lungo periodo non lo vidi più, poi negli ultimi anni mi è capitato di incontrarlo e onestamente non riesco a non portargli un sano rancore e a fare l'indifferente. Non ho mai vissuto il suo rifiuto come conseguenza della mia disabilità; ero e sono convinta che non gli piacevo, e per questo continuo a pensare che la mia vita sentimentale è stata bella proprio perché non ho mai cercato alibi che mi permettessero di nascondermi dietro falsi problemi e debolezze. Molte ragazze si innamorano dell'amico del cugino a quindici anni e vengono respinte perché bruttine o con gli occhiali spessi, per quale motivo io dovevo uscirne incolume? Pensare che il suo rifiuto fosse collegato alla diversità? Sarebbe un'interpretazione comoda. La verità è che semplicemente non gli piacevo.

Tornando alla scuola e ai miei amici delle medie, i tre anni furono divertenti e pieni di conoscenze su me stessa e sugli altri che ancora oggi uso per vivere al meglio. Lo studio mi è sempre piaciuto e devo dire che mi riusciva anche abbastanza bene, ma il mio exploit vero e proprio fu all'università.

Il liceo è cominciato per me nel modo migliore. Ero in classe con trenta compagni, tutti alternativi, comunque particolarmente straordinari sia in positivo che in negativo. Quelli furono gli anni della politica estremista, tutto era troppo poco per rivendicare diritti e uguaglianze. Frequentavo un gruppo di ragazzi di Autonomia operaia e con loro ho condiviso manifestazioni, collettivi, dibattiti, spese proletarie e grandi giri di spinelli.

Mia madre era contraria alla scelta della scuola in cui mi iscrissi, ma il suo dissenso non mi fece arrendere e frequentai il liceo scientifico XXII Gramsci a dispetto di tutto il conformismo della mia famiglia. Mentre Patrizia dalle scuole elementari alle superiori è andata dalle suore, perché mamma e papà sostenevano che per una femminuccia la scuola non doveva essere pericolosa, io con tutte le forze mi rifiutai di percorrere la stessa strada. È da lì che cominciarono le prime faide famigliari. Pur amando i miei genitori profondamente e senza limiti, ho sempre assecondato e rispettato la mia voglia di essere coerente nelle scelte, e così, forse con un po' di superficialità rispetto al volere dei miei, cominciai il primo anno di liceo scientifico.

Dopo due giorni di scuola estremisti di destra bruciarono l'istituto scolastico. Così, tra uno svenimento e l'altro di mamma, la mia classe fu trasferita temporaneamente in un prefabbricato adiacente al cumulo di cenere.

Le mie amiche storiche del liceo sono state Sonia e Mila, ma anche Rita e Lavinia sono figure per me indimenticabili. Le prime due erano sicuramente molto più tranquille di me, ma con loro dividevamo il tempo della scuola, con le altre due tutto il resto. All'inizio eravamo in classe insieme, poi al secondo anno la classe fu bocciata per i due terzi, e quindi da trenta passammo a otto alunni e fummo inseriti in un'altra sezione. Lì i ragazzi erano tutti più secchioni e sicuramente più ligi alle regole, tanto che mentre noi otto gridavamo e protestavamo per ottenere il sei politico, gli altri, «i nuovi», confrontavano ad ogni compito in classe i voti per vedere chi era il più bravo. Non so in che modo, ma alla fine divenimmo tutti amici e noi della vecchia C ci integrammo con quelli della B scambiandoci idee e capacità. Il più bravo della classe era un certo Mauro Pasquale, un ragazzo molto intelligente e studioso. Non bello e lontano da tutti noi. Il bello della classe era invece Antonio Rosati. Per un periodo, intorno al secondo liceo, Sonia ebbe una brevissima storia con lui, ma poi Antonio si mise con Daniela, un'altra nostra compagna di classe con la quale si è sposato e ha avuto due bambine. Ero anche molto legata a Lorenzo e a Claudio e con loro, tra una suonata di chitarra e l'altra nei corridoi, passarono i cinque anni, anche se i miei veri amici erano fuori dalla classe.

A differenza di quanto dicono in molti, io a scuola non tornerei perché il momento in cui mi sono sentita più realizzata è stato senza dubbio quello in cui ho cominciato a lavorare.

L'università è stata per me facile e veloce. Prima mi sono laureata in Scienze politiche, poi in Giurisprudenza. Tra la prima e la seconda laurea ho cominciato a lavoricchiare anche se avevo ancora ben altro in testa. Gli amici, le vacanze e il mio uomo con cui sono stata dieci anni, dai diciotto ai ventotto. Per essere una persona alternativa ho sempre avuto storie d'amore molto lunghe. In fondo il mio modo di essere trova le sue radici nella mia famiglia, volente o nolente.

L'uomo nero dei dieci anni l'ho conosciuto al mare, ero come sempre in compagnia di mia cugina Simona. Uscivo dal quarto anno di liceo e da una storia di due anni con un ragazzo dell'Istituto Castelnuovo. Anche lui moro, con gli occhi verdi, bellissimo e alternativo quanto bastava per piacermi.

Fu un bel periodo. Lui amava suonare la chitarra e sentire la musica rock o comunque «gruppettara». La musica divenne un vero e proprio incubo per me in quegli anni, si poteva ascoltare solo De Gregori, Bennato, Pino Daniele, i Beatles, i Led Zeppelin e i Deep Purple. Tutto il resto era «borghese», e allora di nascosto ascoltavo Baglioni, che ho sempre amato molto, così come Battisti. Era un segreto, non lo dicevo a nessuno, altrimenti sarei stata presa in giro da tutti quelli che mi circondavano, per quanto sono convinta che questa verità nascosta è anche quella di molti altri della mia generazione. Con Marcello abbiamo visto centinaia di concerti. Tutti assolutamente frequentati dai compagni. Mia madre e mio padre erano preoccupatissimi, ma la mia abitudine a non ritardare mai, neanche di un minuto, il ritorno a casa, mi permetteva di continuare a fare il bello e il cattivo tempo. Intorno ai suoi 18 anni Marcello prese a frequentare persone molto lontane da me, fu così che ci allontanammo e piano piano arrivammo alla decisione di lasciarci anche se convinti di essere ancora innamorati l'uno dell'altra.

Fu quella l'estate di cui parlavo prima, in cui oltre all'uomo nero conobbi un gruppo di amici diversi dai precedenti, la spiaggia e il mare ci unirono. Avevamo tutti casa a Passoscuro, una piccola località sul litorale romano che divenne luogo di nottate e giornate indimenticabili. Il gruppo era di circa cinquanta persone, l'età intorno ai diciotto, vent'anni. Nessuno di loro parlava di politica e il nostro stare insieme non aveva altre finalità che quella di divertirsi.

Uscii così dai luoghi scuri dei collettivi per lanciarmi in contesti freschi e chiassosi; quell'estate mi unii ad alcune persone che ancora oggi sono i miei più cari amici, con loro parlammo di ogni cosa possibile fino a capire che la vita era straordinaria e valeva in ogni caso la pena di essere in questo mondo. Tra questi interiorizzai in modo particolare una ragazza che a tutt'oggi è una delle donne che stimo di più. Il suo nome è Francesca. È più grande di me di un paio d'anni e quando la incontrai mi trovai di fronte a un vero e proprio vulcano in eruzione. Lei è uno strano tipo di femmina, di quelle che vogliono fare il maschio ma che in realtà sono costruite per dare amore a tutti. Francesca si sposò dopo qualche mese con Paolo, un ragazzo molto chiuso e soprattutto antitetico ai suoi modi di vivere. Lei è un cuore d'oro con uno strano carattere in cui la battaglia e l'irruenza non mancano mai. Gli altri amici non la vedevano di buon occhio, la trovavano esagerata e irascibile, ma io capii che mi avrebbe arricchito e così la frequentai intensamente pur dovendo fare i conti con la sua diversità. Dopo il matrimonio lei ebbe tre splendidi maschietti. In un primo periodo andò a vivere a Bologna dove lavorava Paolo, ma poi si trasferì definitivamente a Roma. Dopo qualche anno Francesca lasciò il marito e si mise insieme a Silvia. La mia amica scoprì di amare le donne. All'inizio fu uno choc per me, mentre per tutta la comitiva fu l'alibi per non frequentarla più. Non ammisero mai che il motivo di rifiuto era l'omosessualità, presero come scusa il comportamento scorretto di una moglie verso il proprio marito, ma la verità era che avevano paura del fatto che lei fosse lesbica e non volevano «mischiarsi» con la sua diversità.

Nella mia vita ho capito fin dai vent'anni che mentre i disabili, pur essendo diversi, fa tendenza frequentarli perché si è più buoni o perché dietro di loro c'è un «segno divino», altre differenze come la tossicodipendenza, l'omosessualità, la povertà, vengono rifiutate a priori perché sporche e cattive. Questo atteggiamento culturale non mi è mai appartenuto, tanto che molti miei amici sono gay o ex tossici. Sono persone che hanno fatto scelte diverse. Non ho mai avuto pregiudizi ad accogliere le persone, né tanto meno le ho mai etichettate, per cui, ad esempio, Giuseppe, un mio amico omosessuale, è parte dei miei rapporti personali. È una splendida persona e di quello che fa con il suo corpo e chi sceglie sono cose che non mi riguardano. Le persone sono tali al di là delle scelte che fanno e per me vanno bene fino a quando il loro spazio non limita il mio. Comunque Francesca oggi è felice, all'inizio ho avuto paura di questo suo nuovo modo di essere ma ho capito immediatamente che la «novità» non avrebbe modificato i nostri rapporti.

Fu proprio in quel periodo che cominciai a perdere l'uso delle mani, nell'autunno del 1983. Il colpo fu grosso e doloroso, perdevo l'uso della mano destra che mi permetteva di scrivere, mangiare e lavarmi da sola. Anche la mano sinistra non volle saperne a lungo di continuare a fare il lavoro per due, cosicché nei primi anni novanta avevo la destra immobile e la sinistra (che non mi ha mai tradito) mi permetteva solo piccoli movimenti, tra cui quello di fumare da sola.

Ho sempre amato le sigarette. Si accendono e si spengono quando vuoi e soprattutto si possono sostituire ai vuoti esterni. Ad esempio dopo una litigata con i propri genitori cosa c'è di meglio che godersi il sapore del tabacco sapendo che ti fa male e quindi in qualche modo punisce i tuoi? E ancora, cosa c'è che ti unisce agli amici come una sigaretta insieme dopo cena? Probabilmente le sigarette possono essere sostituite con mille altre situazioni, ma per me è una delle cose più accessibili. Quando mi dicono che le sigarette fanno morire di cancro, pur essendo attaccata profondamente alla vita, mi verrebbe voglia di gridare in faccia ai perbenisti salutisti che io ho l'amiotrofia spinale e che per morire c'è sempre tempo. Tengo a precisare, però, che ho smesso due volte ma poi ho ricominciato perché mi piace. Non sono una tabagista, odio le mani che puzzano di fumo e l'alito pesante, insomma sono una fumatrice ma non incallita. Riesco a non fumare ogni qual volta non devo rovinarmi il rossetto o voglio straprofumare.

Gli odori sono per me una vera e propria mania persecutoria, tutte le persone che conosco le ricordo in base ai profumi o alle puzze. Amo gli odori dolci e non acri. Adoro l'essenza del borotalco e quindi l'odore dei bambini piccoli mi fa impazzire nello stesso modo in cui mi piace l'odore della muffa e della benzina. Adoro sniffare il mio principe.

Mi ricordo che a scuola l'odore del gesso mi entrava nelle narici fino al cervello e questo mi faceva sentire molto alunna, così come l'odore dei libri nuovi mi fa stare bene.

L'essenza che mi da più fastidio è invece quella della presunzione e dell'arroganza che supera il mio fastidio per la puzza di cipolla. L'arrogante puzza di sé: il suo odore è scivoloso, sembra quasi quello delle supposte per la febbre finché non si sciolgono ed è pregnante come lo sciroppo della tosse che non passa neanche se bevi tanta acqua. Il sudore anche si differenzia: molte volte è fastidioso e insopportabile, altre, come ad esempio quello degli sportivi, ha una sua magia che personalmente vivo come energia vitale.

Mamma ha l'odore che amo di più. Io uso da anni lo stesso profumo e molta gente mi distingue proprio per questo. I disabili solitamente sono neutri negli odori, ma quelli con ritardo mentale profumano di saponetta, perché si sporcano di frequente e i loro genitori li lavano spesso. Il loro odore si avvicina all'incapacità di autodeterminarsi e alla pulizia mentale. Gli altri disabili profumano o puzzano in base alle attenzioni che hanno verso se stessi e alle possibilità di accudirsi, ma i loro odori sono sempre fortissimi o nulli.

Il mio amico Luca Pancalli, paraplegico, profuma di maschio e di sport anche quando è stanco e trascurato. È vicepresidente del Coni e presidente della Fisd, Federazione italiana sport disabili. Per quanto limitato nei movimenti, sa di atleta.

Tornando agli amici del mare, sono stati loro che mi hanno aiutato a muovermi senza le mani, mi hanno fatto superare l'incapacità di mangiare e di bere una bevanda ghiacciata insieme facendo divenire questo mio limite un'attenzione in più, ma non un servizio, come me lo hanno fatto vivere altri.

Mia madre, quando si fermarono le mani, mi disse con la sua solita dolcezza e forza che questo era un problema risolvibile e che non dovevo piangere su me stessa. Fu difficile accettarlo, ma se mamma diceva così dovevo provarci.

Ancora oggi il mancato uso della mano destra è la cosa che più mi innervosisce. Pur essendo una professionista non posso scrivere da sola né tanto meno lavarmi i denti o pettinarmi, ma mamma continua a sostituirsi ai miei mancati movimenti, così come con il mio principe la cosa è sempre meno drammatica. Quando mi prude una gamba o la fronte, l'impossibilità di fare da sola e di dover chiedere a qualcuno mi oscura il cervello, il sole nella mia vita però torna sempre. Sono felice di esserci e la disabilità è un problema con il quale vivo serenamente, mi piaccio come persona anche se mi metto spesso in discussione.

La mia esistenza si snoda a un'altezza diversa da quella degli altri: porto 63 di fianchi, la larghezza della mia carrozzina, e gli uomini li vedo ad altezza palle. Questo non mi dispiace. Dispiace, invece, che l'handicap sia considerato dai più una tragedia e sia visto come un fattore grigio. Ma sono loro a stare male, noi viviamo bene.

Vorrei tanto far capire alla gente che la disabilità è uno status di vita, non una malattia. Quando hanno a che fare con me non devono essere impacciati o necessariamente spavaldi, basta essere spontanei. Dovrebbero imparare dai bambini in questo.

Quando vado al supermercato o a fare una passeggiata, i ragazzini fanno domande e mi indicano, le mamme cominciano a tirarli via e a dirgli di stare zitti, ma è un atteggiamento sbagliato. I bambini non sanno e chiedono: basterebbe dare loro una spiegazione e tutto sarebbe più normale.

Io non rivendico principi di uguaglianza, ma solo il diritto di avere pari opportunità come tutti gli altri. Il mondo è costruito per la maggioranza dei soggetti, che sul nostro pianeta sono normodotati. Le troppe scale, i marciapiedi senza scivoli possono essere eliminati, ma nella testa della gente le differenze non vengono accettate. Questo avviene un po' per tutti quelli che escono fuori dalla norma; così è una colpa essere troppo alti o troppo bassi, troppo grassi o troppo magri, essere disabili, storti, antipatici o brutti. Ognuno è se stesso e come dice l'articolo 3 della Costituzione italiana, «tutti devono essere uguali davanti alla legge al di là delle differenze». Il mio non è un atteggiamento demagogico o qualunquista, ma è la scelta e l'idea di chi non vuole essere all'angolo solo perché differente dagli altri.

Mi fanno molta tenerezza le persone che continuano a dire che siamo tutti uguali. La verità è che siamo tutti diversi e che non esiste una regola di vita che renda lecito che alcuni siano trattati in un modo e altri siano emarginati. Così come non è giusto pensare che la felicità è solo per le persone belle, ricche e intelligenti, e che gli altri sono condannati alla sofferenza.

Ci sono misure diverse di qualità della vita e la mia è meravigliosa, anche se litigo con il mio ragazzo o ingrasso di un chilo. Forse potrò piangere o disperarmi, ma sono umana e quindi comprensibilmente debole nei miei momenti bui.

Non tollero invece i buffetti sulle guance o chi mi accarezza la testa in senso pietoso o caritatevole.

Io sono Ileana. Disabile ma felice. Se gli altri per vivere meglio decidono che così non è, sono solo tristemente ignoranti, mancano cioè del rispetto e della conoscenza dell'individualità.

Cambiare le cose farebbe vivere meglio un po' tutti, ma non mi sento una maestra di vita né un paladino della verità per cui faccio battaglie possibili e sensate, e per il resto ognuno ha i suoi problemi.

Non mi va di parlare dei dieci anni in cui sono stata insieme all'uomo nero, la storia è finita perché lui si è innamorato di un'altra, cose che succedono. Non sono né la prima né l'ultima. Mi ha dato tante cose e io spero di aver fatto altrettanto. Non lo ricordo con rancore e ancora oggi gli voglio molto bene, abbiamo diviso tante esperienze e tanti momenti belli e brutti. È finita. Lui è felice con sua moglie e io con il mio principe, non tornerei mai indietro, pur non dimenticando l'importanza di quegli anni che ho diviso con lui.

Quello è stato il periodo dell'università e degli studi. Mi è piaciuto molto imparare a studiare da sola; i grandi atenei ti lasciano abbandonata nelle tue battaglie per superare gli esami, ma è pur vero che ti danno strumenti enormi per ampliare e rendere elastica la tua capacità di apprendere.

Ho superato gli esami velocemente, ho sempre conseguito voti altissimi e quando ho sostenuto quello di diritto privato passavo tra gli studenti che quasi mi baciavano le mani in segno di ammirazione. Venivo vista come una superdotata intellettiva. L'handicap, secondo me, faceva la sua parte nel consolidare quest'immagine. Ma la verità è che ho studiato come una pazza, che sono stata una gran secchiona.

Mi ricordo che quando ho fatto l'esame di diritto costituzionale (il mio cognome Argentin è quello del famoso ciclista che ha vinto tanti campionati italiani, maglie rosa e quant'altro) e il professore chiamò gli studenti per essere interrogati, nel leggere il mio nome fece la gran battuta e disse «si avvicini il ciclista». Ero dietro un gruppo di ragazzi e quando il professore mi vide divenne bianco come un panno lavato, credo che si volesse uccidere. Io subito risposi: «Non si preoccupi, sempre di ruote di tratta». Lui, ancora più imbarazzato, mi fece accomodare e io capii che il trenta era assicurato. Lui andò oltre le mie aspettative e mi diede anche la lode.

Non tutti gli esami furono così facili da superare. Quando mi presentavo molti professori decidevano che mi dovevano trattare in modo più rigido, perché avevano paura di favorirmi rispetto agli altri; così nessuno mi ha mai chiesto un argomento a piacere e le tre domande normali erano sempre portate a cinque.

Scelsi Scienze politiche come prima laurea perché la facoltà di Giurisprudenza all'Università «La Sapienza» aveva una grande scalinata per entrare, per me impraticabile.

Quando eliminarono le barriere architettoniche mi fu possibile frequentare legge. I miei ritmi di studio in questo periodo erano dalle otto alle tredici e dalle quindici alle diciotto e trenta. Non saltavo mai un giorno, ma questo non mi impediva la sera di vedere il mio fidanzato e di uscire con gli amici. Prima di ogni esame in casa mia creavo una situazione di terrore. Stavo chiusa nella mia camera e, chiunque facesse un colpo di tosse o tirasse lo sciacquone del bagno, era un colpevole che doveva espiare pene inenarrabili. Tutti mi prendevano per pazza. Solo mamma cercava di seguirmi nei miei ritmi folli e soprattutto solo lei capiva quanto per me fosse importante superare gli esami.

La mattina dell'esame mi accompagnava papà e con me veniva sempre Claudia, una mia amica del liceo. Claudia studiava alla facoltà di Matematica. Mi preparavo con tutti gli oggetti scaramantici dovuti, tra cui un fiocco rosa nelle mutandine, e partivo. L'adrenalina normalmente saliva e la paura non mi abbandonava finché non arrivavo di fronte al professore. Pur essendo preparata, credevo sempre che mi avrebbero bocciata e la notte prima era un vero e proprio inferno. Quando finalmente uscivo spingendo la cloche della mia carrozzina elettronica, papà mi chiedeva come era andata, e alle mie risposte sempre positive ed entusiaste lui non faceva un cenno di apprezzamento, mi diceva subito «andiamo a comprare i libri per il prossimo». E così puntualmente accadeva. Non mi dispiaceva, avevo capito che lui da me si aspettava questo e non pensava ad altro che al fatto che ognuno ha i suoi doveri. Questo era il mio.

Quando discussi la tesi di laurea in Scienze politiche, oltre alla mia famiglia erano presenti tutti i miei amici e l'uomo nero, eravamo tantissimi. Indossavo un abitino di seta a fiorellini rosa e verde ed ero più emozionata che mai. Discussi la tesi egregiamente e i miei amici subito dopo mi regalarono un mappamondo gonfiabile: ormai il mondo poteva essere mio. Mamma si commosse, così come Patrizia, e anche papà.

I mesi successivi furono dedicati alla ricerca del lavoro. Fu un periodo duro. Feci i conti con imprese e aziende che mi rifiutavano perché disabile e cercai mille compromessi per trovare una collocazione. Ci vollero un paio d'anni per entrare a lavorare all'Ansa con un buon contratto, anche se a tempo determinato. In realtà lì mi facevano solo rispondere al telefono e le mie capacità non venivano neanche prese in considerazione. Mi sentivo ferita e offesa ma i miei continuavano a dirmi che la gavetta la facevano tutti e toccava anche a me. Nel frattempo cominciai a frequentare la Uildm (Unione italiana lotta alla distrofia muscolare), sezione di Roma, grazie alla richiesta di aiuto che mi rivolse un'assistente sociale del centro.

Maria Rupil la conoscevo da molti anni per i controlli medici che semestralmente effettuavo presso il centro. Mi chiese di aiutare alcuni ragazzi disabili a ottenere la pensione di invalidità seguendo le loro pratiche viste le mie conoscenze legislative e io cominciai a farlo. Nell'associazione si era poi da poco costituita una redazione giornalistica per un mensile rivolto agli utenti dell'associazione stessa; anche in quella circostanza la caporedattrice mi chiese di scrivere qualche pezzo e piano piano cominciai a frequentare, nelle mie ore libere, il centro. Quella fu la mia prima esperienza con la disabilità in senso vero. Fino a quel momento non avevo mai frequentato un handicappato, non era mai capitato sulla mia strada, o forse li avevo evitati per le proiezioni inevitabili che questi mi provocavano. In poco tempo sono diventata amica di molti di loro, o meglio di noi, e in tre mesi sono stata nominata presidente dell'associazione.

Abbandonai l'Ansa e mi lanciai con grande entusiasmo in quest'avventura facendo i conti con il consiglio direttivo e soprattutto con il vicepresidente, Paolo Marin. Lui per me è stata una vera luce nell'insegnamento dell'amministrazione, per la sua grande pulizia etica e personale. Cominciai a frequentare i primi convegni e a portare la voce dei distrofici in tutte le assemblee che trattavano l'handicap; feci tutto questo in modo volontario, con l'idea e la voglia di cambiare il mondo. Fui presuntuosa, ma la mia determinazione mi permise di dare una nuova svolta e forza alla Uildm. Per muovermi e lavorare mi misero a disposizione gli obiettori di coscienza e negli anni ne ebbi più di trenta. Erano tutti ragazzi giovani e laureandi che in poco tempo divennero miei amici. Molti disabili mi hanno aiutato, insegnandomi che tutto, nell'handicap, non era così normale, c'erano troppe negazioni nei diritti e nelle condizioni familiari ed economiche. Facevano la differenza anche nella sfortuna. Le lotte di classe divennero lotte per diritti di inclusione e di inserimento. Ne vidi di tutti i colori. Persone di ogni tipo e disperazioni di ogni intensità. Molti si piangevano addosso, molti avevano situazioni davvero disastrose.

Divenni molto amica di Puccio, un ragazzo distrofico straordinario, che due anni fa purtroppo è morto a causa della sua malattia. Da lui ho appreso l'autonomia senza limiti e la grande passione per il cinema. Insieme ad altre sette persone organizzammo un corso di regia, vista la sua competenza in materia e le sue grandi capacità. Ogni lezione la ricordo piena di allegria e di battute ironiche che sono tutte impresse nella mia mente. Puccio non perdeva occasione per corteggiare qualunque donna passabile partecipasse. Lui aveva amato moltissimo una ragazza in una storia precedente finita male. Anche lei era in carrozzina, una vera e propria cretina che segnò la sua vita sentimentale. Divenne un play-boy, ma la sua natura di uomo integro lo faceva apparire un po' imbranato. Fino alla fine ha comunque sorriso, e si è fatto gioco delle battute e delle incapacità degli altri a non saper gestire la diversità. Il suo funerale è stato un momento di immenso dolore. Gli ultimi giorni prima di morire decise di non vedere più nessuno, non si voleva arrendere, ma purtroppo la patologia di cui siamo vittime è spietata e ancora una volta vinse sulla volontà di vivere di un grande uomo con un gene falsato.

Stessa evoluzione quella di tanti giovani che ho conosciuto. Nei sei anni del mio incarico ho presieduto non so quanti funerali e ho capito che morire per noi non era così difficile. Furono quelli i giorni in cui scoprii la doppia storia del mio ragazzo, e forse riuscii a superarla proprio perché nella mia testa i lutti si susseguivano veloci e la voglia di dare il massimo aumentava in modo proporzionale. Non mi sono lasciata andare mai, le battaglie divennero un vero e proprio obiettivo da raggiungere e conseguire in fretta. Per molti di noi non c'era tempo e io non potevo perdermi in chiacchiere.

Nel primo mandato da presidente mi inventai migliaia di iniziative e feci lotte di ogni tipo con gli enti locali, riuscendo a garantire fisioterapia a tutti gli utenti (circa 1600) e a farci pagare le convenzioni dalla Regione. La sede divenne un grande palazzo e lasciammo le quattro stanzette a Trastevere. Con Paolo andavamo come treni e tutto il consiglio direttivo pedalava nella nostra direzione. A Roma divenni ben presto un punto di riferimento per l'handicap e fu così che un gruppo di associazioni di categoria mi chiese di candidarmi nel consiglio comunale della città. In questa scelta mi furono accanto molte persone del settore tra cui Rolando Galluzzi, Pietro Barbieri e Paolo Santoro, presidenti di associazioni e soprattutto grandi uomini. Con ciascuno di loro ho diviso momenti straordinari e mi hanno insegnato moltissime cose sull'handicap e sul vivere.

Il mio partito, a cui da anni ormai ero iscritta, che allora si chiamava Pds, fu soffocato da migliaia di lettere di gruppi associazionistici e realtà che trattavano l'handicap di ogni fattezza e tipo, e che chiedevano fosse accolta la decisione di candidarmi nella loro lista per il Comune. Si votò a novembre del 1997. Il comitato elettorale che avevo alle spalle era un bizzarro gruppo di persone che credevano in me e nelle nostre battaglie. C'erano gran parte dei presidenti delle varie associazioni e tutti i miei ex obiettori di coscienza. Indimenticabili la pazienza e la stima di Rita Gregori e il sorriso h24 di Luciana Gennari, così come l'entusiasmo di Rita Cacciarelli e il lavoro impagabile di Viviana Palazzetti. E infine Carla Patrizi, che distribuì migliaia di volantini insieme a Rita Valentini e Dina Roggi.

La mattina facevo convegni, il pomeriggio incontri e la notte insieme alla mia squadra andavamo ad attaccare i manifesti con colla e scope per la città. Fu un vero e proprio divertimento, sembravamo l'armata Brancaleone. Ma i politici veri non se ne preoccupavano per cui non venni molto infastidita da giochi più grandi di me e riuscii a vincere. Ero diventata onorevole e ancora oggi, dopo due legislature in cui ho vinto sempre di larga misura, lo sono.

Nella prima consigliatura il sindaco era Francesco Rutelli, un politico assai atipico, molto umano e con grandi capacità intuitive rispetto alla gestione della città. Francesco fu con me persona cara e soprattutto attenta alle tematiche che io rappresentavo. Dopo un paio d'anni in una calda notte estiva in cui si votava l'approvazione dell'assestamento di bilancio, parlai con lui e con Roberto Giachetti, all'epoca capo di Gabinetto, mentre si votavano migliaia di emendamenti che l'opposizione in modo demagogico e strumentale aveva presentato. La discussione fu breve e concisa e in base alla programmazione per cui Roma doveva divenire la «città di tutti», mi propose di divenire Consigliere delegato dal sindaco per l'Handicap.

La sua intuizione fu felice. Da quel momento, infatti, i disabili avevano un punto di riferimento politico e amministrativo che garantiva loro rivendicazione di diritti e pari opportunità. Giachetti mi aiutò molto nella prima fase, dalle cose più semplici a quelle sostanziali, e devo dire che per lui e Rutelli provo ancora oggi un sentimento di grande affetto e riconoscenza. Mi venne assegnata come sede dall'assessore al Patrimonio del momento, on. Tozzi, un piccolo locale, molto bello, in una traversa di via Veneto, e lì cominciai a fare la differenza nella città, tra servizi sociali e handicap.

Fino a quel momento l'handicap era sempre stato di competenza dell'assessorato Affari sociali, ma noi abbiamo impresso la vera e propria svolta: scorporare l'handicap per considerarlo con la giusta e doverosa attenzione. Riuscimmo a fare sì che la disabilità fosse trattata come un'urgenza trasversale, di cui tutti gli assessorati dovevano essere in qualche modo investiti, non solo quello degli Affari sociali. La delega prevedeva infatti la possibilità per me di indirizzare e controllare tutti gli assessorati della città sulle tematiche dell'handicap. Quindi fu possibile, quando si parlava di barriere architettoniche, confrontarsi con la politica dell'assessorato ai Lavori pubblici, così come quando si parlava di inserimento scolastico era l'assessore alla Scuola il referente. Andando avanti tutte le argomentazioni uscivano dalla «gabbia» degli Affari sociali per divenire diritti ascoltati dai dipartimenti competenti. Una vera e propria svolta politica e culturale, che nel passato non era stata mai pensata e tanto meno gestita in questi termini.

Nel frattempo ero il consigliere comunale dei Ds e cominciai a frequentare uomini e donne di partito che militavano con forza e determinazione. I miei primi mesi da consigliere furono entusiasmanti anche se, per i miei colleghi, rimanevo quella a cui dare buffetti sulla guancia e carezze sulla testa. Ci vollero anni per far cambiare questa lettura. Ci riuscii quando un mio collega dell'opposizione, Fabio Sabatani Schiuma di An, in una riunione consiliare mi vide come il nemico a causa dei nostri pareri contrastanti e cominciò ad insultarmi fino a liberarmi dal ruolo della poverina, così «cara» a tutti, con un sonoro «vaffanculo». Fino a quel momento le ovvietà sul mio conto erano state centinaia, così le frasi fatte, come, ad esempio, «Che bel viso, peccato», o ancora «È bella così, pensa se stava in piedi», e ancora: «Ha un'intelligenza straordinaria». Insomma la solita follia dell'immaginario collettivo sulla disabilità mi aveva travolto nella mediocrità più assoluta.

Ridicolizzare frasi da repertorio sull'handicap è sempre stato un mio cavallo di battaglia. Che vuol dire «che bel viso, peccato»? È forse sprecato per me? Oppure: «è bella, pensa se stava in piedi!», lo trovo terribilmente riduttivo. Magari se avessi camminato, avrei avuto la cellulite e non avrei saputo come nasconderla, magari il mio volto si sarebbe ridotto a un viso con i lineamenti regolari che passava inosservato come tanti altri. Poi, per finire, loro che ne sapevano che io ero intelligente? Mica è una proporzione matematica in cui la carrozzina sta all'intelligenza come stare in piedi sta alla deficienza, insomma fatemi fare un appello: non regalate frasi sciocche gratuitamente, ma concentrate la vostra attenzione sulle persone, siano queste disabili o non, e non fatevi trascinare nella banalità dell'omologazione. È assolutamente demotivante, per chi vive uno stato di handicap, essere considerato sempre un supergenio. Tra i diversamente abili ci sono i capaci e gli incapaci, i belli e i brutti, gli intelligenti e gli stolti, i buoni e i cattivi, siamo persone differenti che vivono la loro esistenza con interessi e modi di essere che cambiano a seconda delle proprie esperienze.

Il primo giorno di consiglio comunale fu per me meraviglioso, ma anche molto imbarazzante. Sembrava che fosse il mio primo giorno di scuola, tutti e sessanta i consiglieri erano agitati e si notava una grande differenza tra chi aveva già esercitato il mandato e chi era alla prima esperienza. Mi ricordo in particolare un collega, oggi amico, che con destrezza e trasparenza su un volto solare rideva e scherzava con tutti. Mauro Calamante si occupava di Lavori pubblici e fu uno dei primi con cui ho condiviso le battaglie per le barriere architettoniche nella città. Oggi è assessore alla Mobilità e Trasporti a Roma, lo vedo molto meno, ma la sua energia mi trascinò quel giorno nell'impatto con il mondo degli amministratori comunali della città. Anche la mia famiglia era presente al giuramento, e mentre papà era teso come una corda di violino, mamma e Patrizia avevano un gran da fare nel ciarlare della nuova situazione con la quale mi confrontavo. Salii sullo scranno attraverso una pedana che avevano messo lì per farmi superare i due gradini dell'Aula Giulio Cesare. Il signor Nicola, predisposto ai microfoni, fu molto carino e attento affinché io potessi esercitare da sola tutte le funzioni da consigliere. Cercò di risolvere i problemi dei pulsanti per le votazioni e allungò il braccio del microfono perché io potessi intervenire nei dibattiti. Nicola è un uomo piacente, con grandi occhi chiari, capelli brizzolati su un volto molto giovane. Oggi posso definirmi una sua cara amica, ma all'epoca le sue attenzioni mi sembravano premurose solo per dovere e rispetto della mia posizione di onorevole. Ciò mi stupiva ma mi gratificava e la sua presenza e le sue risposte risolutive ai miei limiti mi fecero sentire accolta nel gruppo di chi dirigeva Roma.

Accanto a me si sedette Antonio Rosati, capogruppo dei Ds capitolini in quegli anni. Mi rivolse poche parole, ma dietro la sua barba nera e il suo sguardo sempre corrucciato negli anni ebbi la possibilità di conoscere un valido compagno di partito. Lo scranno è di tre postazioni e, tra me e Rosati, si sistemò il mio obiettore di coscienza Gianluca Meniconi, che esercitò le sue funzioni nel migliore dei modi e quel giorno indossò giacca e cravatta per farmi sentire il più adeguata possibile all'ambiente. Anch'io ero molto elegante. Indossavo un vestito di seta colorato e mi truccai per più di un'ora per affrontare quel pomeriggio.

Aprì il consiglio Gianfranco Fini, che era stato il più votato, e fu lui a fare la prima «grezza» con me. Quando chiamò a caso due nomi tra i sessanta del consiglio per fare i segretari fu proprio il mio nome che echeggiò nella sala. Il ruolo dei segretari d'aula è quello di stare accanto al presidente per controllare il rispetto dello Statuto nelle votazioni e in ogni mansione. Per fare questo bisogna salire alla presidenza, cui si arriva superando gradini e spazi molto stretti: un ruolo per me impossibile da ricoprire. Su di me calarono le tenebre del panico e su Fini l'imbarazzo e la disperazione di uscire da questa empasse. Riuscì a farlo in pochi minuti, ma parevano ore visto che lo sguardo di tutti si concentrò su di me, o meglio sulle ruote della mia carrozzina. Oggi mi sembra una sciocchezza, ma in quel momento fu l'apoteosi dell'ansia e del rossore che mi salì dai piedi fino alla punta dei capelli. Comunque passò anche quella emozione e ben presto mi trovai a far spingere i tasti per votare e a parlare con disinvoltura su quel buffo microfono più a lungo di tutti gli altri. La presidente eletta quel giorno fu Luisa Laurelli, consigliere Ds, affettuosa e stravagante. Luisa garantì l'ordine e l'andamento dei lavori dell'aula al meglio per tutti e cinque gli anni, anche se qualche volta da lontano la vedevo mordicchiare cibo e bere bevande sotto al suo scranno.

Dopo quel giorno ne seguirono tanti altri di consigli e ciò che sulle prime mi era sembrato il sogno da raggiungere, capii subito che era un lavoro duro e a volte noioso, con il quale fare i conti. Divenni ben presto padrona della situazione e le complesse questioni d'aula mi risultarono familiari, anche se mi resi conto che nel gruppo ognuno aveva il proprio ruolo. La prima notte in consiglio per il bilancio mi sembrò un'uscita con gli amici e anche se varcai la soglia alle sei del mattino dopo essere entrata per l'appello alle sedici del pomeriggio precedente, non sentii la fatica. Mangiammo per la cena nella Sala delle Bandiere, luogo prestigioso e affascinante del Campidoglio.

Nunzio D'Erme era il più singolare tra i presenti; alto, con un viso particolare e un corpo da atleta, veniva dalle borgate in rappresentanza dei centri sociali. Appena mi vide, esordì con un «Ciao sore'!», e si sentì unito a me per le situazioni sfortunate che rappresentavamo. Gli volli subito un grande bene e con lui ho diviso un sacco di risate e chiacchiere che mi facevano sentire estranea ai ruoli politici che rappresentavamo. Quando entrava nell'aula la sua voce si sentiva ovunque e ogni tanto organizzava manifestazioni all'interno del consiglio con il suo mondo di disperati non tollerati dalle forme di potere costituito. In particolare fece scalpore quando nella scorsa legislatura si arrampicò sulla statua del Giulio Cesare dietro al presidente, cominciando a gridare per rivendicare diritti che lui stesso come consigliere doveva garantire. Oggi Nunzio è agli arresti domiciliari per atti inconsulti di attività politica e attende il giudizio, mi farebbe piacere sentirlo o vederlo per dirgli quanto involontariamente ha dato a me e alla città con le sue stranezze ma anche con la sua estrema coerenza di vita.

Oltre Nunzio molti altri colleghi, con il tempo, sono diventati miei cari amici. Enzo Foschi, per esempio, anche lui Ds e coetaneo. Si occupava di sport e cultura in Comune. La sua grande passione è il calcio, in particolare la Roma; tutte le domeniche va allo stadio e per la sua squadra e il partito è disposto a tutto. È un gran bel ragazzo, di grande intelligenza e dai forti valori morali. Abbiamo fatto numerose battaglie insieme in Comune e nelle commissioni politiche, ma soprattutto abbiamo diviso grandi serate e nottate alla Festa dell'Unità cittadina.

Enzo viene dal quartiere Garbatella di Roma. Lì è un po' il principe. È quasi sempre allegro e nei miei riguardi penso provi un profondo affetto e una grande stima, non solo politica ma personale. Io lo adoro, trovo che sia solare ed entusiasmante, ma anche un grande rompiscatole, e dovrebbe fare i conti con la testa e il cuore rispetto alle donne. Enzo attualmente è consigliere regionale, presidente della Commissione Roma capitale. Due anni fa, infatti, ha lasciato il Comune per affrontare la campagna elettorale per la Regione Lazio.

Io ho fatto parte del suo comitato elettorale e ho unito tutte le mie forze alle sue, convinta che il mondo della disabilità con lui avrebbe trovato serie risposte in Regione. Quest'unione, per molti strana e contraddittoria per via dell'accostamento del sociale alla cultura e allo sport, è stata per me invece molto coerente e importante. Ha incentivato il superamento delle barriere culturali, dell'atteggimento omologante per cui chi vive un disagio sociale non ama l'arte e non si interessa allo sport. Per quale motivo, mi chiedo, la disabilità dovrebbe avere a che fare solo con vecchi uomini di apparato politico in giacca e cravatta, occhiali spessi con lunghe esperienze sul sociale alle spalle? Essere giovani, come è il caso di Foschi, può invece significare una svolta sia di immagine che di contenuti nelle risposte a tematiche di assistenza e di impegno civile. In ogni caso, comunque, io ho creduto e credo nelle potenzialità di questo compagno e la realtà quotidiana mi sta dimostrando di non aver sbagliato. Uscire fuori da false dinamiche di gruppo d'appartenenza ha permesso alle persone disabili di conoscere e di vivere nuovi contesti cittadini e nuove forme di accoglienza completamente fuori dai canoni.

I giorni del consiglio comunale della prima legislatura sono comunque storia di dieci anni fa; oggi l'Aula Giulio Cesare è per me luogo familiare e i colleghi vecchi e nuovi hanno tutti la stessa valenza, ovviamente al di là dei rapporti personali.

Nella prima legislatura Veltroni, per me la seconda, ebbi il piacere di conoscere il sindaco in modo speciale. Walter Veltroni mi diede immediatamente la delega per l'handicap e mi permise di frequentare la giunta quando gli argomenti all'ordine del giorno mi riguardavano da vicino.

Spiegare cosa io provi per Veltroni è davvero difficile. Con lui mi sento Ileana, non il consigliere in carrozzina. La sua amicizia mi rende entusiasta e orgogliosa, e al di là dell'enorme stima politica che ho per lui. La complicità che ci unisce e l'affetto reciproco fa di Walter il mio mito. Lui è uno «buono» a prescindere, ma è spigoloso con se stesso e complicato con il suo staff. Instancabile, con grandi occhiali e faccia intelligente, è assolutamente onesto e detesta le chiacchiere.

Anche quando molte volte lo induco a fare commenti su alcune persone, lui sta al gioco, ma tutto deve rimanere nel rispetto degli altri. Credo che con me si diverta, anche se spesso si arrabbia come un fratello maggiore che vorrebbe rendermi inattaccabile. È molto incuriosito dalla mia carrozzina, e all'ultimo concerto di Pino Daniele che abbiamo visto insieme mi ha fatto mille e più domande sulle lucine che si accendevano e spegnevano sulla mia cloche di guida. Insieme abbiamo fatto progetti straordinari e realizzato infrastrutture e nuovi servizi nella città. Per lui «emarginazione» è un sostantivo senza senso, nessuno deve rimanere solo e tutti devono essere ascoltati. Nel lavoro è un infaticabile stakanovista, ama il prosciutto e i tagliolini al limone, guai se non esistesse la cioccolata e detesta il fumo, tanto che ogni volta che mi vede con una sigaretta in mano mi ucciderebbe. Quando è nervoso gli trema la pancia, e in ogni occasione difficile muove all'impazzata la gamba destra. Tutto ciò lo rende umano. Il suo uomo di fiducia è Walter Verini, un giovane serio e preparato, capace di difenderlo contro ogni avversità, suo vero amico e parte della sua vita politica. Veltroni conosce da vicino la politica e gli uomini. A volte percepisco una sorta di incapacità a stare dentro alla politica fino in fondo, mentre altre volte ho la netta sensazione che la politica sia la sua vita. È un grande statista, non sopporta i giochi d'apparato e le scelte di potere, credo che viva i suoi ruoli come mandati di condivisione e civilizzazione, e anche se non è presuntuoso ha un forte ego.

Il nostro rapporto è continuo e sempre vitale. Ci incontriamo per riunioni di lavoro ma anche per consigli e momenti di confronto, non ama essere messo in discussione ma non è ottuso e quindi, anche se a modo suo, spesso accoglie i miei suggerimenti. Con l'handicap ha un ottimo rapporto e sostiene questo settore con energia ed entusiasmo, sa che sono un po' la «cubista» della disabilità, ma tenta continuamente di dare spazio a tutti quei diversamente abili che stima. Non so se mi consideri un buon politico, ma so che ho un posto nel suo cuore e so anche che si metterebbe contro tutti per difendermi pur continuando a bacchettarmi a porte chiuse.

Con l'era Veltroni il mio lavoro si è centuplicato. Migliaia d'iniziative e progetti realizzati, le giornate di lavoro sono diventate sette su sette, le ore diurne non bastano più, così che, prima delle ventidue, non si lascia mai l'ufficio e le cene sono sempre più frequenti. Fortunatamente sono affiancata da uno staff di persone capaci e coscienziose che lavorano per molte ore senza mai lamentarsi. Primo tra tutti è il capo del V Dipartimento, Franco Alvaro, che più che un uomo è un professionista delle soluzioni. Lui per me è una grande spalla, da quando l'ho conosciuto non c'è stato obiettivo che non abbiamo raggiunto. Alvaro è un uomo con un grande cuore, un po' «ammaccato», un cervello geniale, si arrabbia spesso con chi non capisce le scelte rivolte alla città ma è capace di elaborare i suoi stati d'animo sempre in positivo. Quando ci siamo conosciuti lui era dirigente nel IX Municipio dove svolgeva attività amministrative di ogni tipo e cercava fondi e soluzioni in un bilancio scarso e complesso. Arrivato in V Dipartimento, collaborando con noi politici, Franco ha realizzato infrastrutture e servizi nuovi e qualitativamente migliori. Ha un gran sorriso e un'onestà intellettuale impareggiabili. Il sindaco Veltroni qualche volta ci ha definito «peggio e mannaggia», ma è soddisfatto del nostro lavoro. Fausto Giancaterina è l'altro uomo insostituibile, io lo definisco il «papà dell'handicap» e da sempre sono convinta che nella città non c'è foglia che Giancaterina non voglia. Per lui ogni disabile deve ricevere risposta. La sua attenzione al tema è puntuale e costante.

Il lavoro più grande però lo svolgo con la mia segreteria politica che è formata da due persone, Francesco Brugioni e Lucia Fantacci. Tutti e due impiegati della pubblica amministrazione, danno il cuore e l'anima per l'handicap. Con loro ho un ottimo rapporto, condividiamo ogni cosa nel bene e nel male, ci facciamo sonore risate ma non mancano i momenti conflittuali e le ostilità. Francesco è capo segreteria, non per ruolo o busta paga, ma solo perché è più tempo che mi segue. Sono più di cinque anni che lavoriamo insieme e ne abbiamo viste di tutti i colori. Ha un caratterino niente male, deve sempre dire l'ultima parola e non torna mai indietro sulle sue posizioni. È simpatico, allegro, gli piace curarsi e ama il bello, è molto capace nell'accoglienza e qualche volta l'entusiasmo che mette nel suo lavoro lo imprigiona senza che se ne renda conto. So di poter contare su di lui ventiquattr'ore al giorno. A volte perde la pazienza e quando capita si sfoga con il telefono che comincia a sbattere alla fine di ogni conversazione. Il segnale del suo nervosismo. È possibile quindi capirlo, se nervoso o meno, dalle ammaccature presenti sulla cornetta dell'apparecchio telefonico, tanto che è molto tempo che mi chiedo di che materiale sia fatto. Spesso lo definisco «l'uomo agenda», perché è lui che organizza le mie giornate lavorative. È spietato, non accetta compromessi. Se per lui è urgente che una persona mi veda, qualunque motivazione gli presento, trova il modo di farmela incontrare. Proprio per questo lo definisco insostituibile, ha quasi sempre ragione, e per di più sa placarmi meglio di ogni altro quando sono arrabbiata. Il nostro rapporto va al di là della professione. Il supersegretario mi conosce molto bene e fa di me, lavorativamente, quello che vuole, tanto che molte persone prima di parlare con me si rivolgono a lui. Come ho già detto sa riconoscere i miei stati d'animo, per cui difficilmente mi viene sotto quando c'è qualcosa che non va. Le nostre litigate sono terribili e infuocate, ma lui sostiene che non litighiamo mai e con la sua faccia sorridente e spocchiosa mi disarma sistematicamente.

Accanto a lui nella scrivania a destra c'è Lucia. È l'apoteosi della serenità, sorride sempre e odia litigare, è bravissima nel lavoro e molto amata da tutti i cittadini che si rivolgono al nostro ufficio. Fa centinaia di ore in più e prende permessi raramente e solo per questioni gravi. Lucia è una bella ragazza. Mora, quarant'anni, molto attenta al suo aspetto estetico, con la bottiglietta dell'acqua diuretica sulla scrivania e i vasetti di yogurt a portata di mano. Viene da un paesino vicino Roma, Sora. Ha tre sorelle e vive da sola in un piccolo appartamento in città. Insieme ci divertiamo a prendere in giro Francesco, che lei ama e detesta per la loro grande diversità caratteriale. È straordinariamente accomodante e cerca il principe azzurro scappando ogni volta che lo trova. Quando conosce qualcuno con problemi, le salgono le lacrime agli occhi e si emoziona leggendo i miei editoriali che escono il mercoledì sull'«Unità». Lucia è senza dubbio una mia fan. Non capisce la politica e se ne disinteressa completamente, pur se costretta a farci i conti per il ruolo che io rivesto. A dicembre nel suo paese hanno fatto una mostra di presepi e lei insieme alle sue sorelle ne ha presentato uno senza barriere architettoniche.

Con loro conduco il mio ufficio e ho organizzato la mia ultima campagna elettorale, faticosa e straziante fino alla fine. La paura di non vincere non mi ha lasciato fino ai risultati. Infatti, pur sapendo di avere un grande consenso, la sfida per me che non so perdere è sempre impegnativa. Ricordo che gli ultimi giorni, ovunque andassi, la gente mi applaudiva, ma io non smettevo di avere paura e non mi fidavo di nessuno. Lo stato emotivo in cui mi trovavo era di completa paranoia, non ero insicura ma temevo l'imprevisto. I quaranta giorni alla ricerca del voto mi hanno messo di fronte a variegate realtà, tutte condite di disperazione e rivendicazione di diritti e servizi.

La gente che si affida a me individua nel mio handicap un punto di forza, è come se pensassero che la situazione che vivo mi permette di capire meglio le difficoltà degli altri. Genitori, utenti, associazioni, cooperative sociali sono tutti accomunati dallo stesso obiettivo, e cioè far vivere al meglio le persone con deficit. Anche i lavoratori di questo settore, volendo mantenere il loro impiego, non cercano ricchezze né tanto meno manovre speculative per fare soldi, bensì vorrebbero assicurarsi una maggiore serenità quotidiana nella garanzia del loro lavoro. Ancora oggi, infatti, fare parte del personale sociale, delle strutture accreditate presso gli enti locali, significa avere una situazione professionale precaria. C'è la folle interpretazione per cui la gente che opera nel sociale lo fa o per volontariato o perché non ha trovato un posto di lavoro migliore, ma così non è! Il personale che si occupa della disabilità è infatti al 99% motivato e convinto, sceglie il terzo settore per cultura e per passione, ha voglia di confrontarsi con la diversità e garantire ai più deboli prestazioni sociali che assicurino una qualità della vita migliore.

Sono un vero e proprio esercito di donne e uomini che svolgono un lavoro faticoso e spesso demotivante. Assistere persone con gravi o gravissimi problemi fisici o mentali, per giornate intere che si sommano fino a divenire mesi e poi anni, è logorante. I lavoratori del settore subiscono spesso ritardi negli stipendi a causa dei lenti pagamenti delle amministrazioni e non hanno un albo professionale che li tuteli. Questa situazione sembra però non essere recepita da nessuno, o meglio a molti fa comodo far finta di niente.

Gli stessi disabili e le relative famiglie si accaniscono spesso e volentieri contro di loro, che rappresentano l'interfaccia tra la disperazione e le scelte amministrative e politiche. I familiari a volte non capiscono che i turni e i tempi dell'assistenza non sono dettati dalla volontà dei lavoratori ma dall'organizzazione municipale e cittadina dei servizi. Essendo gli unici che entrano nelle case e curano i loro figli, per forza maggiore sono i soggetti più responsabilizzati e penalizzati da una lontana e complicata amministrazione. Da vere vittime diventano «carnefici». Tale realtà provoca la mancanza di forza contrattuale per questi lavoratori, che nel rivendicare continuità e stabilità non trovano nel mercato il supporto della domanda. Come in ogni settore ovviamente ci sono i buoni e i cattivi, ma un cattivo operatore non è altro che un uomo cattivo, quindi generalizzare è scorretto in sé. L'eventuale denuncia deve essere dimostrabile o motivata da un riscontro effettivo.

Mi ha sempre sconvolto la facilità con cui alcuni disabili parlano male dei loro operatori. Nascondendosi dietro i propri bisogni, dimenticano completamente quelli di chi ogni giorno lavora accanto a loro. Se gli operatori sociali rimarranno precariato, che li renderà sempre professionisti di serie B, e non avranno un giusto riconoscimento economico, noi disabili avremo sempre difficoltà nell'ottenere i servizi dovuti, perché comunque chi ci affianca e ci assiste potrà essere sempre sostituito da volontari. Faremo pipì magari una volta al mese, quando qualcuno si sentirà «buono» e vorrà passare una giornata diversa con un diverso. Sono la nostra forza e noi dovremmo diventare la loro.

Nella mia vita gli operatori e gli obiettori di coscienza sono state figure fondamentali, con loro ho sempre avuto lunghi rapporti sia professionali che personali, e molti sono tra i miei più cari amici. Infatti, quando ero presidente della Uildm, ero affiancata, per i miei spostamenti e non solo, da due obiettori di coscienza che si alternavano nella turnazione della giornata. Mi affiancavano per dodici mesi, poi dieci, come previsto dalla normativa del ministero della Difesa per il servizio d'obiettore di coscienza sostitutivo al servizio militare. Oggi la norma è cambiata, non essendo più previsto il servizio militare, e le associazioni non possono più contare sul supporto di queste figure. Per sopperire a questo vuoto è stato istituito dallo Stato il servizio civile organizzato e retribuito che dura dieci mesi.

Gli obiettori che mi hanno seguito negli anni sono stati quarantadue. Tutti giovani, belli e forti, e non sono morti. Raccontare la mia vita senza parlare di loro è impossibile. Gli anni dai 28 in poi sono nella mia mente scanditi dai volti dei ragazzi che mi hanno «accompagnato».

Il mio primo obiettore è stato un ragazzo toscano, Roberto Capecci, che con un suo collega, Mauro Aldorisio, mi ha regalato dodici splendidi mesi di affiancamento e di movimento. Con loro ho potuto iniziare il mio lavoro alla Uildm. A loro ne sono seguiti tanti e ognuno è divenuto mio amico. Ovviamente si è formata, nel tempo, una rosa di speciali con i quali continuo a vedermi anche a distanza di anni. Ognuno di questi ragazzi mi ha riempito la vita con sguardi, gesti e mille attenzioni che nessun altro mi ha saputo donare. È bastata la loro spontaneità.

Uno degli «importantissimi» è stato Federico Starnone, che, quando ha fatto il servizio civile per me, era uno studentello di matematica con capelli scompigliati e maglioni alternativi. Aveva un vespone bianco con il quale sfrecciava per essere puntuale ai nostri appuntamenti. Lui è un uomo speciale, uno di quelli che difficilmente incontri, e che consiglieresti a una figlia di sposare. Non è un buon partito, ma è assolutamente di un'intelligenza e di una elasticità mentale superiori alla media. Noi ci adoriamo e fortunatamente non ci piacciamo esteticamente, così il nostro rapporto si fonda su una stima e una disponibilità totali e reciproche che ci fa da sfondo nell'interpretare la vita come meravigliosa. «Ico», così chiamo Federico, ha cinque anni meno di me e convive con Sabina. Adesso aspettano una bambina che pare vogliano chiamare Matilde. La sua donna è come lui, stravagante, chiassosa, intelligente e capace, e soprattutto encomiabile per come riesce a gestire il nostro buffo rapporto. Con Federico abbiamo fatto miliardi di cose insieme e fino a qualche anno fa, almeno una volta a settimana, ci vedevamo per andare a cena fuori insieme, da soli. Sappiamo tutto l'uno dell'altro e anche davanti alle menzogne facciamo finta di crederci. Quando è iniziata la storia d'amore più importante della mia vita, che è quella che vivo attualmente, lui, l'obiettore modello, ma soprattutto il vero amico, mi ha dato un grande aiuto a non mettermi in situazioni difficili, come di solito accade quando mi sento indebolita dall'amore.

Federico ha scritto un libro su di me e sul suo periodo di servizio civile che si intitola *Più leggero non basta*, edito da Feltrinelli. Questa pubblicazione ci ha fatto litigare perché io, per la prima volta, mi sono sentita raccontata e la cosa non mi è piaciuta affatto. Comunque il libro, un bel testo, è piaciuto molto, e Giovanna Mezzogiorno e Stefano Accorsi lo interpretano in tv in un film la cui sceneggiatura è stata curata ancora una volta da Federico. Oggi fa il professore di matematica in una scuola professionale e nel tempo libero si dedica al lavoro di sceneggiatore. Lui non fuma le sue sigarette ma le mie e da sempre mi chiama «Lillò» in segno di un affetto quasi fraterno. Uno dei momenti più belli della nostra amicizia è stato quando sono riuscita a parlare con lui della mia malattia con la tranquillità con cui puoi raccontarlo a un fratello, ma non sono mai stata capace di dirgli se sono disperata o meno perché ho paura che non ce la faccia ad accusare il colpo.

Federico mi immagina come vuole e cambia prospettiva continuamente, ma io sono sempre là, solare e raggiante per lui. Anche per me la sua persona è insostituibile, guai a chi me lo tocca, anche se sbaglia Ico ha ragione. Questo non vuol dire che non litighiamo, e spesso anche, ma avviene a porte chiuse, quando nessuno ci sente. Ci sbattiamo in faccia quell'onestà a volte non necessaria.

Io ho regalato a lui dei pattini e l'ho messo sulle ruote per andare insieme con pari opportunità, e lui è l'unico uomo che mi ha regalato le mutandine rosse per capodanno, trasparenti e piene di pizzo, senza chiedersi se erano comode o scomode stando in carrozzina. Di Ico potrei raccontarvi migliaia di cose ma non so neanche io se sono vere o false, l'importante è sapere che c'è e anche se ci vediamo molto poco negli ultimi tempi, lui rimane quello a cui ho affidato il compito del discorso se muoio. Abbiamo passato infatti una lunga serata a garantirci e giurarci che cosa avremmo fatto l'uno per l'altro se morivamo. Si vive meglio sapendo che c'è qualcuno che metterà le cose in chiaro anche dopo. Lui deve dire a tutti che io sono stata felice e mi ha giurato che picchierà chiunque dirà che ho smesso di soffrire, così come tutti quelli che mi verranno a guardare e diranno: «Che bel viso, peccato».

Oltre Federico ci sono stati altri superobiettori. Il famoso «Piacio che piace», *alias* Alessandro Brugnoli, avvocato, sposato e separato, a cui ho fatto da testimone. Francesco Nigro, detto Cecco, architetto rampante di bella presenza, oggi sposato e padre di Lidia. Gianluca Meniconi, che ha la colpa di essere troppo bello e la follia di non sentirsi mai sufficientemente appagato, quindi sempre alla ricerca dello straordinario, anche lui sposato. David Giacanelli, mio addetto stampa, bel moro, con la convinzione che la politica di sinistra cambierà il mondo e con l'esigenza di chiamare almeno cinquanta volte al giorno, me come tutti gli altri, per sapere sempre e comunque che sta succedendo. Ah, è l'unico fan della mia voce, e sostiene che dovrei cantare per vivere. Passiamo poi a Ezio Simonetti, grande sportivo, tifoso impareggiabile della Roma e sciupafemmine. Giovanni Campanacci, l'ingegnere che arrivava a sbucciarmi anche i bruscolini per non farmi stancare e che ha attaccato per notti intere con colla e scopa i miei manifesti elettorali. Giampaolo Vianello, più che un uomo un obiettore, perfetto comasco, ma di sinistra, sempre pieno di mille idee e progetti, sempre felice, commercialista e autore della canzone degli obiettori che abbiamo scritto e inciso insieme. Non meno importante il Marcacci, uomo insostituibile che ha smesso di darmi del «lei» l'ultima settimana di servizio e che ha saputo accettare il mio compagno meglio di tutti gli altri per la sua capacità di non mettersi in competizione mai con nessuno.

Gli altri obiettori che mi hanno accompagnato sono stati importanti, ognuno a modo suo. Citarli tutti sarebbe impossibile, ma il ricordo dei giorni condivisi con loro è nella mia mente e nelle mie agende, che sono una diversa dall'altra per le calligrafie differenti che hanno scritto la mia vita. La mia esperienza sugli uomini a causa di questa frequentazione con gli obiettori di coscienza è profonda. Con il tempo ho lavorato su di una sorta di casistica maschile, che potrei riassumere così: uomo dai corteggiamenti e preliminari, uomo da «arriviamo al sodo», uomo da poche chiacchiere «che ho altro da pensare», uomo guerriero in cerca di preda, uomo ombroso e intrigante, uomo dai mille dubbi che va invitato, uomo in adorazione e uomo che vuole essere adorato, uomo intelligente e sensibile ma purtroppo gay, uomo esteta convinto che tutte sono troppo poco per lui, uomo fedele quasi sempre incapace di intendere e volere, uomo proibito perché delle altre, uomo depresso perché «fa tipo», uomo compagno perché tutto è lecito, uomo di destra per il quale la mamma e la donna sono sante e tutte le altre «puttane», uomo atletico che fa footing anche a letto, uomo tabagista o alcolizzato che ama per dimenticare, e poi «lo scemo». Quest'ultimo è l'unico senza speranze, puoi combattere contro tutti i generi, ma l'ottuso è irraggiungibile, quasi sempre fa male a se stesso e agli altri e non ha consapevolezza dei propri limiti. Si lancia e fugge alla velocità della luce, non capisce le situazioni ed esaspera gli altri. Purtroppo gli scemi sono tanti.

Nella casistica di uomini il mio preferito e a cui voglio dedicare qualche parola in più è il «coatto». Generalmente borgataro, vive di espedienti e di frasi fatte ma è buono, spesso di carnagione scura e almeno una volta ha lavorato in cantiere. Conquista le donne dicendogli «vie' qua». Dopo un rapporto sessuale non chiede mai se ti è piaciuto o come è andata, sa di non poter sbagliare mai ed è impossibile che non soddisfi. Ama leggere (preferibilmente i fumetti o «Il Corriere dello Sport»), sostiene che i grandi film sono quelli di Thomas Milian e che il *Gladiatore* è un kolossal. Il cellulare fa parte del suo look, e fino a qualche anno fa non girava mai per la città senza l'autoradio sotto il braccio. La sua mano è ferma e generalmente ammaccata non perché picchia le donne ma perché, magari, ha modificato la sua moto e si è fatto male. Almeno una volta ogni due anni si rompe un arto in un incidente «megasupergalattico», non teme nessuno ma gli fa impressione il sangue. Ama le fettine panate e le melanzane alla parmigiana, senza pane non vive e la mamma per lui non si tocca. Con i cani ha un buon rapporto, devono essere però enormi e cattivi, il bassotto gli fa schifo e il pesce rosso non ha motivo di esistere. Non porta boxer ma slip ed è di una tenerezza infinita quando nessuno lo vede; quasi sempre sa fare le iniezioni, detesta le donne troppo truccate e il suo barbiere non lo cambierebbe con nessuno al mondo. Fuma Marlboro rosse. Insomma, il coatto è la serenità, accanto a lui non temi niente e tutti lo amano un po', perché lo temono e perché ci sa fare. Per me tutto ciò è il massimo. Non è un mediocre e quando ci prova se stai in carrozzina la sua prima attenzione è rivolta alle ruote che non devono essere mai sgonfie e lisce. Le sue conversazioni sono piene di aggettivi e di sostantivi, ma con i verbi ha seri problemi. Ovunque va spedisce cartoline e quando passeggia con la sua donna gli si appoggia sulle spalle o le tiene la mano sul sedere. Tra i miei amici molti sono coatti e anche l'uomo della mia vita non scherza.

L'esperienza «coatta» di più lunga durata l'ho vissuta con un mio amico del mare, un tal Massimino, che scendeva sulla spiaggia in ciabatte e accappatoio sulle spalle. Era perdutamente affascinato da me. Per lui ero irresistibile e insostituibile a causa del mio modo di essere sulla carrozzina. Una volta andammo a cena a Ceri, un piccolo borgo medievale sull'Aurelia. Quando capì che il cameriere era intimorito e impacciato nel servirmi a tavola, si alzò in piedi e cominciò a raccontare, con un fare un po' prepotente e pretestuoso, chi ero e cosa facevo. Lo voleva punire quel cameriere impacciato. Il tipo non capiva cosa volesse, ma alla fine il concetto fu chiaro: «Lei è normale, è come te, anzi meglio di te, quindi trattala in un altro modo!! Altrimenti ti faccio trovare nelle liste speciali per il collocamento al lavoro dei disabili». Il mio imbarazzo era all'apice, ma anche il mio bisogno di protezione si sentì soddisfatto. Con Massimino queste scene si sono ripetute molte volte; da buon coatto non sopportava che gli altri mi rifiutassero, non gli importava niente che io tentassi di spiegargli che erano persone ignoranti, che non andavano aggredite ma fatte ragionare. Rimaneva dell'idea che gli dovesse spezzare le gambe. Una volta ci proibirono di entrare al cinema e un'altra ci fecero sistemare al centro della sala per ragioni di sicurezza. In quelle occasioni fece una tale chiassata che venne chiamata la polizia, ma anche in quel caso non si arrese, mi portò fuori urlando che ero «sprecata» per loro. Le sue canotte colorate e i bicipiti in mostra non passavano certo inosservati, ma gli sguardi su di noi venivano sempre interpretati da lui come una curiosità nei miei confronti. Da vero coatto quale era non metteva mai in discussione la sua persona, per cui attaccava tutti e si era creato l'alibi perfetto dell'handicap da superare. Massimino è stato un personaggio straordinario nella mia vita, anche se alla fine capii che andava preso a piccole dosi e che chi tutelava l'altro fra i due ero io.

Questo è avvenuto mille volte nella mia vita: da appartenente alla fascia debole, mi sono trovata quasi sempre a dover divenire la forte della situazione. Le persone che mi hanno affiancato e che mi stanno vicino ancora oggi sono quasi sempre convinte che mi devono difendere, ma la realtà è diversa. Tutelano le loro paure aggredendo gli altri, facendosi scudo delle ingiustizie del mancato riconoscimento della disabilità, ma non conoscono la capacità di sensibilizzare e di comunicare con chi non vuol capire. Credo che la gente cosiddetta normodotata sia priva di cattiveria, il suo è solo un comportamento che è causa dell'incapacità di superare le barriere culturali. Molti individui sono stereotipati nell'immagine del normale e i diversi per loro sono una bomba ad orologeria che potrebbe scoppiare da un momento all'altro, per cui scappano o usano la cortina dell'indifferenza al fine di salvare il loro ristretto mondo.

L'imbarazzo che appartiene alla maggior parte delle persone che si confrontano con l'handicap è causato spesso da gesti e rituali che si scambiano tra i «normali». Dare la mano a un disabile, molte volte significa rimanere col braccio appeso perché il disabile non riesce a stendere la mano, così la situazione diviene imbarazzante e generalmente il normodotato si sente colpevole di aver ferito l'interlocutore. La verità però è ben lontana dall'idea della figuraccia che si può immaginare. Ad esempio, la consuetudine di dare la mano sarebbe facilmente superabile se si avesse una mentalità più elastica che rendesse più semplice fare una battuta o dare un bacio sulla guancia all'interlocutore. Io questa situazione l'ho vissuta miliardi di volte e ogni volta ho capito che dovevo essere io a risolvere la questione, l'altro non ce la faceva. Era «paralizzato» dal senso di colpa. Per l'occasione ho inventato migliaia di frasi pronte all'uso: «Solo baciamano per me, sono una principessa», o ancora: «Non riesco, non si preoccupi», oppure: «La mano l'ho ceduta al mio fidanzato, mi dispiace...».

Basta poco per vivere bene con gli altri, il segreto è capire che tutti noi siamo fragili quando non conosciamo le situazioni, ed è per questo che il rispetto e l'umiltà divengono il primo punto sul quale far ruotare tutte le relazioni umane. Non solo i normali ci debbono saper accogliere, ma anche noi dobbiamo saper accogliere loro. L'accoglienza è un dogma in una società civile, non c'è uomo o donna che rifiuti il vivere giornaliero se la quotidianità prevede momenti di inclusione sociale aperti a tutti.

E a proposito di imbarazzi e difficoltà di accettazione, il mio più grande problema, col quale convivo da circa una quindicina di anni, è il faticoso e difficile modo di relazionarmi con il cibo. Io amo mangiare, sono ghiottissima di dolci e vado pazza per il salato ma... l'estetica ha sempre il sopravvento su di me, mi rende immobile cerebralmente e non mi dà spazio di accoglienza verso nessun alimento in modo equilibrato. Il meraviglioso panino all'olio col salame o la mortadella con la pizza bianca sono per me nemici da combattere. Io prima di tutto voglio essere magra, quindi passo la mia vita tra zucchine lesse, pomodori e carne ai ferri, pensando che la lasagna sia un peccato e il gelato una pena che non può essere espiata. Tutto questo fa di me una donna triste a tavola ma le lotte e le battaglie sono parte della mia vita e quindi finché non inventeranno gli specchi di pongo, un modello per vedersi come ci si desidera, continuerò ad essere una fanatica delle diete e una masochista della cucina. Piacermi è fondamentale e quindi le rinunce culinarie, per quanto penalizzanti, sono meno faticose di quelle rivolte allo specchio. Questo strano atteggiamento verso il cibo mi ha portato, circa dieci anni fa, a una forma di anoressia abbastanza grave con la quale ho dovuto fare i conti per non rischiare di lasciarci le penne. Oggi riesco a fare anche degli strappi alla norma che mi sono data, ma tutto ciò ha sempre ricadute negative sulle mia psiche e sul mio fidanzato, che viene puntualmente colpevolizzato dei miei etti in più.

La bilancia è l'utensile casalingo per me più importante, ne ho circa sei, ma ogni anno quando vado in vacanza ne acquisto una nuova, più precisa. Pesarmi non è cosa facile ma con il mio principe abbiamo trovato la soluzione: mi prende in braccio, sale sulla bilancia, e guardiamo il peso complessivo; poi lui risale da solo e sottraiamo, insomma una ginnastica che permette a lui di non fare pesi in palestra e a me regala un momento in più tra le sue braccia. Attualmente peso trentanove chili e sono alta un metro e sessantasei; so di essere sottopeso ma io mi ritengo ancora un po' troppo cicciottella. Il «mio bel viso, peccato» ha il difetto di avere guance sempre in salute che odio più di ogni altra parte del mio corpo. Comunque, prima o poi riuscirò a sconfiggerle o forse, chissà, ad accettarle. Mia mamma mi tenta continuamente con manicaretti prelibati, conosce i miei punti deboli e cioè i tortellini con la panna, la maionese, le patate fritte, le polpette, le caramelle Rossana e le crostate. Anche mia suocera mi tenta con leccornie di ogni tipo, ma io crollo solo con il principe nelle nostre ghiotte e fantasmagoriche colazioni della domenica mattina.

Il mio principe è Sandro. Sono sette anni che stiamo insieme e un anno che conviviamo. Abbiamo una casa deliziosa in una traversa di via Cortina d'Ampezzo. Il nostro saloncino con angolo cottura è tutto giallo e blu, con un grande mobile antico e un'infinità di oggetti. Abbiamo una grande libreria sopra ad un altrettanto grande divano e la nostra stanza da letto è un paradiso di semplicità. Anche il bagno è blu e giallo e sotto la mia doccia c'è una poltrona gonfiabile trasparente su cui vengo lavata. Il pezzo forte è però il giardino,

300 metri quadri di verde e prato con un barbecue a mattoncini dove ci divertiamo a cucinare carne e pesce. In giardino c'è anche la cuccia di Rocco, il mio amato Golden Retriver, che pur se poco usata, visto che sta sempre dentro con noi, fa molto arredamento.

Il nostro frigo è un concentrato di libidine. È infatti pieno di cioccolate e bevande di ogni tipo, e inoltre non mancano i salumi, i formaggi prelibati e i miei quintali di zucchine. Nel freezer si accumulano gelati, e leccornie dolci e salate pronte ad essere infilate nel forno a microonde all'istante. Non mancano poi enormi barattoli di vetro pieni di bruscolini, pistacchi e noccioline, insomma abbiamo schifezze per ogni gusto e palato. Io sono fissata per la casa, anche lì amo il bello e il pulito, anche se i pavimenti rimangono la mia disperazione a causa dei peli di Rocco e delle sue orme. Non potrei vivere senza la mia casa. Per lavoro sono sempre fuori, ma quando sono dentro casa mi ci devo sentire cullata.

Io e Sandro ci siamo conosciuti nell'ottobre del 1999, mi è stato presentato da Daniela, sua sorella, che veniva sempre a protestare in Campidoglio con gli Lsu Polis (lavori socialmente utili per la città) alla ricerca di un posto di lavoro comunale fisso. Un giorno facemmo conoscenza e siccome avevo bisogno di un operatore, le chiesi se ne conosceva qualcuno. Lei mi propose il fratello e dopo due giorni feci il colloquio con lui.

Era circa metà ottobre e nel corridoio della Uildm una cinquantina di possibili operatori si accalcavano per il fatidico incontro. Sandro fu uno degli ultimi ad entrare, lo trovai intrigante, in più aveva un non so che di coatto antico che mi attirò immediatamente. Scambiammo i convenevoli e senza sapere perché, quando uscì, mi rivolsi alla mia segretaria dell'epoca dicendole: «Antone' è lui, scelgo il moro, puoi interrompere i colloqui!!!». Sandro allora aveva trentacinque anni, alto, muscoloso, con denti bianchissimi e due occhi luminosi che mi avevano fissato senza il minimo imbarazzo. Il giorno dopo cominciammo il tirocinio insieme a Gino, uno dei miei obiettori, e lui mi invitò per la domenica ad andare al cinema. Il giorno prima, per un futile motivo che né io né lui ricordiamo, facemmo una litigata terribile dicendocene di tutti i colori come una vecchia coppia di sposi. Tutto ciò mi suonò strano, ma sapevo di averlo già interiorizzato.

Prima di avere la nostra casa insieme viaggiavamo nel week-end, abbiamo girato moltissimo e con lui è stata la prima volta che i miei si sono fidati a mandarmi fuori casa da sola per più di una giornata. Senza che nessuno gli spiegasse come fare, ha imparato a lavarmi, vestirmi, pettinarmi e addirittura a cambiarmi lo smalto. All'inizio di questi piccoli viaggi ero terrorizzata ma il suo entusiasmo mi trascinava così come l'amore per lui. Ricordo una volta in cui partimmo per San Gimignano. Avevamo prenotato un albergo bellissimo e la prima notte della vacanza mi svegliai e me lo vidi nella penombra tutto nudo con un coltello in mano. Mi prese quasi un infarto o giù di lì, la ventola del bagno faceva rumore e lui con il coltello la smontò. Una strizza senza precedenti, lui ancora ci ride quando ne parliamo. Un'altra esperienza particolare fu in un agriturismo di Bracciano: prenotammo una stanza per disabili con bagno accessibile e all'arrivo lui scoprì che non c'era il letto matrimoniale, ma che per gli handicappati era previsto un letto singolo e uno a parte per l'operatore. Gli uscirono gli occhi di fuori e cominciò a discutere come un pazzo finché non ci cambiarono il letto. Da buon coatto antico non si arrende mai, io sono la sua donna e guai a chi non lo capisce. Dice di non essere geloso mentre io affermo di esserlo, ma poi nella vita lo siamo tutti e due, e attenzione a chi ci presta interessi eccessivi.

Sandro prima di conoscermi è stato diciassette anni con un'altra donna, un'insegnante di ginnastica che conobbe quasi in culla, si lasciarono perché non si amavano più e dopo due anni ci incontrammo. Io non l'ho mai conosciuta, mentre lui ha voluto incontrare tutti i miei ex. Passare da una ginnasta ad una in carrozzina suppongo sia cosa strana, ma lui dice che non è così, ama il mio «non movimento» fisico e le accelerate e le impennate della mia mente. Dice che non sto mai un attimo ferma e che sono in moto perpetuo; essendo lui un pigro probabilmente le mie continue uscite e le mie mille iniziative lo stancano ma in amore tutto si accetta.

Il suo passato è burrascoso e pieno di attività più o meno lecite, ma stare insieme lo ha fortemente cambiato così come è avvenuto per me. Io con lui passo la domenica in casa a preparare pranzetti e cenette, e a vedere film d'azione, mangiando bruscolini. Il lunedì mi accompagna a dibattiti, consigli comunali e cene di lavoro. In questi anni è rimasto il mio operatore con stipendio e orari ma quando finiamo il lavoro sono la sua principessa e lui il mio principe.

Ha una grande testa piena di capelli neri ormai brizzolati che sdegnosamente dondola ogni volta che c'è qualcosa che non gli piace. La sua vittima preferita è la sorella, che pure adorando, mette sempre in discussione. Non ama le feste, né avere tanti amici in giro. In ufficio si trova bene con Franco Alvaro e stima profondamente Veltroni. Per il resto tutto è relativo. Ovviamente adora il nostro cane, Rocco, che abbiamo preso un anno e mezzo fa, a cui dedica moltissimo tempo e che vizia a più non posso. Rocco vive per lui, ma sa che quando è arrabbiato l'unica che lo difende sempre e comunque sono io.

Il nostro rapporto con gli anni si è sempre più rafforzato. All'inizio volevamo sposarci, ma dopo aver prenotato la chiesa lui ci ha ripensato, dicendo che non si sentiva pronto. Questa cosa non gliela perdonerò mai, anche se comprendo tutti i problemi del suo passato e il fatto che la decisione fu presa solo a distanza di un anno da quando ci siamo messi insieme. Continuo a capire ma non posso dimenticare.

La scena fu grossolana ma anche divertente. Andammo a prenotare al mausoleo di Santa Costanza, una delle chiese, secondo me, più belle di Roma. Dopo aver parlato con il prete preposto alle prenotazioni andammo a festeggiare in un bar lì di fronte. Io ero contenta, mentre lui era tutto preoccupato che gli dessero il bicchiere di latte e menta più grande che avevano, così capii subito che non eravamo sulla stessa lunghezza d'onda e dopo mille provocazioni riuscii a sapere la verità: aveva paura. Dopo questo episodio, per noi andare a un matrimonio è pressoché impossibile. Oggi lui vorrebbe sposarmi, ma sono io a dire di no. Più per principio che per altro, così viviamo serenamente convivendo.

Sandro è un uomo fortissimo fisicamente, tanto che quando mi prende in braccio mi lancia in aria e mi fa ballare, ama dormire, fuma molte Marlboro, ama il ghiaccio nelle bibite, odia la pasta e beve ettolitri di latte. Io non ho mai paura di lui anche se molta gente lo teme. Ama dire le bugie, e questo lo faccio anch'io. Solo che le sue sono un po' più gravi ma anche più facilmente scopribili. Adora suo nipote Karim, che ha diciotto anni e vive a Londra. È identico a lui sia esteticamente che mentalmente. Anche se si vedono pochissimo, è una parte importante della sua vita.

Prima di conoscermi ha fatto mille mestieri: dal meccanico, al camionista, al rappresentante di tappeti. Ha avuto due officine meccaniche di proprietà e la passione per i motori e le macchine non lo abbandona mai. Ama la Formula 1 come io il calcio e la Roma. Reciprocamente ci accompagniamo a fare il tifo per i nostri miti dello sport.

Il principe ride sempre, mentre io sono più pensosa, ma tra i due sono io la più felice. Lui si dispera facilmente e ha pochi strumenti caratteriali per vivere sereno.

La sua mania che amo di più è quella di strappare la striscia di carta del monopolio di Stato dal pacchetto di sigarette. Lo fa sempre anche se ha dieci buste della spesa in mano. Vuole differenziare le sue sigarette da quelle degli altri. Si lava i capelli ogni volta che fa la doccia e ha un rapporto negativo con i colori. Dice di non conoscere le sfumature e le differenze tra i colori ma la verità è che è decisamente daltonico. Ama gli occhiali ma avendo dieci decimi non gli servono a niente.

Dopo due anni che stavamo insieme ho organizzato per il suo compleanno una festa a sorpresa e credo che sia stata la volta in cui mi ha odiato di più, così come quando gli ho regalato, sempre in occasione del compleanno, un motorino facendoglielo trovare in salone con un grande fiocco di tulle rosso. In quella circostanza credo mi volesse proprio fare del male, era troppo per lui, e al di là delle mie mille fatiche per realizzare la sorpresa, non accettò mai che avessi speso così tanti soldi e che mi fossi lanciata in questa impresa senza il suo aiuto. Inutile dire che sono rimasta malissimo per le sue reazioni, e ho giurato che da quel momento i regali per lui sarebbero stati piccoli e banali. Un tipo singolare il mio piccolo moretto, pieno di idee rigide e di uno strano modo di dimostrare gratitudine. Non vuole che gli faccia grandi cose materiali perché non desidera essere giudicato dagli altri e soprattutto dai miei genitori come uno che prende e se ne approfitta, per cui da anni i regali più grandi sono maglioni e ricariche telefoniche anche se poi, quando decido, pur sapendo quello mi aspetta, mi lancio in grandi doni.

Con la mia famiglia è perfettamente in sintonia, stima mamma e papà e vuole bene a Patrizia, Andrea e ai miei nipoti. La sua famiglia è molto diversa dalla mia, i suoi genitori mi sono molto cari, così come sua sorella e il nipote. Tra tutti preferisco però mia suocera, che oltre ad assomigliare al figlio esteticamente è anche lei una gran testarda. Quando Sandro mi portò a conoscere i suoi, fui accolta subito benissimo, ma per non incorrere in problemi successivi, ho affrontato subito con la signora Anna la questione handicap chiedendole in modo molto diretto se per lei questo fosse un problema. La sua replica fu secca e, da buona abruzzese, mi rispose con un proverbio, che suonava più o meno così: «A me non importa, chi fa il letto ci si corica». In sostanza, il messaggio era che Sandro per lei poteva scegliere chi voleva. Con me in questi sette anni non si sono mai comportati male, anche se su alcuni argomenti siamo su posizioni differenti. La persona che frequento di più della loro famiglia è mia cognata Daniela, una quarantacinquenne mora con lunghi capelli, viso appuntito, alta e sempre sorridente. Lei mi ha aiutato molto a capire il principe ma poi, a dir la verità, Sandro l'ho scoperto tutto da sola. Daniela è separata e ha un figlio, Karim, per il quale impazzisce e sarebbe disposta a tutto fino a togliersi il sostentamento minimo per renderlo felice. Io con lei non mi scontro quasi mai, è Sandro che non riesce a trovare il modo per comunicarci, ma i due si difendono reciprocamente se qualcuno parla male dell'altro. È una donna sensibile ma anche felicemente superficiale, assume questa caratteristica molte volte per non impazzire, viste le difficoltà che la vita le ha riservato. Di suo comunque ha una grande energia vitale, ma ogni volta che mi vede mi dice che sono io quella che fa troppo e che mi devo riposare. Da quando l'ho conosciuta ha perso venti chili, lei dice di non aver fatto nessuna dieta ma di essere stata solo un po' attenta con il cibo, ma io non le credo. I suoi amici sono tutti bizzarri e Sandro non li vuole frequentare molto, ma ovviamente questa responsabilità ricade su di me. Daniela ama fare le cinque della mattina e dice che il fratello è un muflone perché intorno alle tre dà segni di stanchezza. Il suo amico, che a me e a Sandro è più caro, è Giuseppe. Un bellissimo uomo, omosessuale, pieno di allegria. Lei gira con Giupy per feste e mercati, e insieme sono proprio una strana coppia. Sandro critica continuamente Daniela, non tollera i suoi ritmi e il fatto che sia logorroica, però nei momenti più complessi e difficili la cerca sempre, un po' perché lo distrae con le sue chiacchiere, un po' perché è un punto fermo della sua esistenza. Nella nostra storia, almeno all'inizio, Daniela ha avuto un grande ruolo, ma poi con il tempo e i ritmi diversi ci siamo allontanati. Il papà di Sandro è invece un ometto timido e riservato con grandi occhi verdi che mi dice sempre che sono bella e che ama giocare con Rocco. Oltre alla sua famiglia, Sandro non mi ha mai permesso di condividere le sue amicizie, forse perché non le riteneva sufficientemente all'altezza, o forse solo perché non sono dei veri amici.

Solo una volta siamo usciti con un suo amico e la ragazza, ma Sandro si annoiava e volle tornare immediatamente a casa. Era un certo Bomba, uno strano personaggio tutto nervi e fasce muscolari tirate come corde di violino, che per tutta la serata parlò di filosofia e di mele facendo una strana macedonia di uomini e donne che sembravano più cassette di frutta che esseri umani.

Il principe con le donne ha uno strano rapporto; a quanto dice lui non le guarda, ma a me capita sempre di beccarlo in flagrante. Lui è rapidissimo a spostare la sua attenzione dalle gambe o dalle tette alle ruote del motorino o al negozio lì vicino. Se glielo faccio notare, dissimula immediatamente, ed è bravissimo. I suoi momenti migliori sono quelli delle passeggiate con Rocco. Il nostro cane, infatti, è una specie di calamita per buona parte del sesso femminile, che impazzisce di fronte alla tenerezza del nostro piccolo cagnastro. Anche i nostri amici ce lo chiedono spesso in prestito per andare a rimorchiare, ma Sandro non ne vuole sapere, anche se poi è il primo ad essere consapevole della forza attrattiva di Rocco.

Sto prendendo sempre più coscienza di come le persone facciano amicizia condividendo le passioni e i dolori dei propri cani. Se a portare a spasso Rocco vado anch'io, la gente trova come interlocutore Sandro: le persone immaginano il cane del disabile come una piccola bestiolina che assiste e difende in tutto la sua «padroncina». Quando Rocco, un cane di circa cinquanta chili tutto pelo e salti, mi affianca, è fuori dal prototipo dell'immaginario collettivo e di conseguenza più che il mio cane diventa quello del principe. Sono certa che anche Rocco si diverta come me nel vedere la mediocrità della gente, ma sia io che lui non facciamo nulla per stravolgere la vuota stabilità degli altri.

Uno dei grandi momenti di svago di Sandro sono le letture di libri e fumetti. Anch'io amo come lui i fumetti e leggendone tantissimi entrambi abbiamo notato che nella cultura generale i giornaletti sono strumenti assolutamente negativi per l'handicap. Tutti i personaggi cattivi e mefistofelici hanno sempre un deficit fisico, per esempio: Gambadilegno è «zoppo», Capitan Uncino «monco», la Cariatide di Alan Ford «paraplegico», il Gatto e la Volpe di Pinocchio «cieco e zoppa», insomma chi più ne ha più ne metta. Gli stessi Bassotti non sono altro che dei giovani *borderline*, che probabilmente con una buona insegnante di sostegno oggi sarebbero integrati e inclusi nel sistema sociale. Anche nei film sono sempre gli sfregiati, i deformi o i brutti ad assumere il ruolo del cattivo e questo probabilmente avviene per una mediocre immagine psicologica che fa scaturire dal limite cattiveria e astio, quasi come in un'equazione matematica dove l'incognita x è sempre codificabile attraverso la negatività del disagio, che non viene mai visto come un potenziale patrimonio, ma sempre come causa di altri svantaggi.

Per tutto questo io le favole ai miei nipoti le ho sempre raccontate inventandole totalmente, i principi biondi con gli occhi azzurri così come le principesse con la bocca a cuoricino mi hanno sempre stressato. Nei miei racconti le principesse sono sempre «molto normali» e le loro ricchezze non sono solo nei soldi o nelle collane o le corone d'oro, ma spesso sono raffigurate da sogni di diversità raggiungibili con grandi fatiche. Da piccola le mie favole preferite erano quelle di Pollicino e di Hansel e Gretel. Quest'ultima, però, avrei preferito che finisse facendo divenire i bambini due enormi obesi che avevano punito la strega mangiandosi l'intera casa di zucchero e dolci. Pensate la felicità dei due e quanto poi si sarebbe potuto parlare di diete in un secondo capitolo.

A proposito di favole, io e Sandro spesso la domenica mattina ce ne raccontiamo di bellissime abbracciati nel nostro lettone. Hanno come protagonisti sempre un principe e una principessa, che non sono altro che noi due, c'è sempre un morto che sarebbe il cattivo, ma i due principi vivono felici e contenti. La favola più bella vince sempre undici baci, e siccome è difficile decidere chi la racconta meglio, generalmente i baci diventano ventidue. Tra i cattivi spesso mettiamo qualcuno che vuole dividere i due principi, che spesso sono anche personaggi famosi della politica. Nelle mie favole il buono, di solito, è il sindaco Veltroni che, armato di giavellotti e scuri, combatte per la nostra salvezza. Ci salva da Fini e Berlusconi che tentano di fare crociate contro la diversità e il bisogno. Sandro invece spesso usa gli animali e tra i cattivi menziona i gatti e i pappagalli che non si fanno mai gli affari loro e che raccontano bugie al mondo sulla felicità e sull'amore. Tutti gli animali di Sandro spesso vanno in motocicletta o su macchine potentissime, mentre i miei politici sono in bicicletta o a piedi a causa dello smog. Dopo le favole e i baci facciamo delle lunghe colazioni a letto e poi verso le quindici e trenta ci alziamo. La domenica quindi per noi è una grande festa, riusciamo a stare insieme come vogliamo, senza nessuno che ascolti le nostre «follie».

Di recente, per esempio, mi deprimo guardando le mie scarpe. Io porto da sempre le Superga bianche, scarpe da ginnastica nate per il tennis, e molte volte mi dispero pensando al loro destino, perché per colpa mia non potranno mai correre né camminare. Sono schiave del mio acquisto e anche se non hanno imperfezioni genetiche e strutturali sono immobili. Sandro mi consola sempre quando ne parliamo dicendomi che invece sono molto fortunate perché ho piedi bianchi e profumati e io sono tutta contenta e ritorno a pensare che la vita è strepitosa anche per le mie Superga.

Lui mi sa capire più di ogni altro. Non me la dà vinta quasi mai nelle mie lamentele (a differenza di mamma), però mi concede, nel nostro lettone, nei giorni festivi, un quarto d'ora di lagna pura. In questa circostanza anche senza motivo posso arrabbiarmi con tutti e desiderare di andare in moto o di mettermi i blue jeans, o raccontargli che avrei voluto fare la camionista tutta fasciata da una tuta nera supersexy o il capitano dell'aeronautica per poter volare.

Per noi il sesso è importante. Non amiamo parlare della nostra intimità con gli altri, ma siamo consapevoli che la cosa incuriosisce tanta gente. Queste persone ci fanno una grande tenerezza, perché, come direbbe Verdone, «noi lo fàmo strano», o meglio gli altri vorrebbero che fosse così, ma in realtà come tutti abbiamo il nostro modo di viverlo al meglio. I richiami sono gli stessi, così come il piacere, insomma cari uomini e donne della strada pensate a voi che per quanto ci riguarda siamo più che soddisfatti. Il disabile o la disabile per la gente comune rimane comunque completamente asessuato, tanto che a me e al principe capita spesso di sentirci gli occhi degli altri addosso, sgranati, se ci scambiamo tenerezze in luoghi pubblici. Ad esempio, mentre a Villa Borghese, uno dei parchi più belli di Roma, gli uomini e le donne si fanno effusioni senza che nessuno li guardi, se lo facciamo noi tutti ci puntano gli occhi addosso e cominciano a commentare la cosa, quasi sempre dicendo che siamo tanto «carini» e che io ho un gran bel viso... peccato!!!

Le giornate feriali, mie e di Sandro, trascorrono all'insegna del lavoro. Lui inizia alle quindici, mentre l'altro operatore, Patrick, lavora dalle nove alle tredici e trenta. Mentre gli altri assistenti hanno indicazioni sull'inizio e la fine del servizio, il principe non sa mai quando stacca. Durante la settimana mediamente abbiamo dalle tre alle cinque cene di lavoro per cui un giorno si finisce alle ventitre, un giorno alle due e poi finalmente c'è una sera che si torna a casa alle venti. Dopo cena quasi sempre portiamo Rocco a fare una passeggiata nel quartiere e in queste occasioni ci capita spesso di riuscire a parlare un po' delle nostre cose, altrimenti siamo costretti a rimandare alla domenica. Infatti anche se passiamo molte ore insieme durante il servizio, molte volte ci dobbiamo comportare come due perfetti estranei; è difficilissimo, ma ormai siamo diventati piuttosto bravi a non unire l'utile al dilettevole.

Tra i momenti di lavoro che trascorro con Sandro, i più noiosi sono quelli in consiglio comunale e i più entusiasmanti sono i mercoledì e i venerdì pomeriggio quando riceviamo i cittadini con difficoltà. Questi pomeriggi sono interminabili, a volte vedo più di venti persone al giorno, e per lo più sono disperate e in cerca di soluzioni. Quello che le persone con handicap chiedono di più è l'eliminazione delle barriere architettoniche, i trasporti pubblici accessibili, ma prima di tutto maggiore assistenza. Su cinquanta famiglie e disabili che vedo alla settimana, il quaranta per cento chiede un supporto maggiore per l'aiuto ai ragazzi con deficit mentali. Nonostante con l'amministrazione Veltroni abbiamo triplicato il bilancio, negli ultimi cinque anni, per l'assistenza, il sistema non è ancora in grado di rispondere adeguatamente ai bisogni delle persone con deficit mentali e fisici gravi. In questi pomeriggi nei corridoi dei miei uffici si accalca un vero e proprio muro del dolore, ma, a dirla tutta, se entrano piangendo, escono sempre con una parvenza di speranza e di sorriso.

Le persone che arrivano sono di tutti i tipi e generi e dopo essere stati ascoltati una volta tornano e poi tornano ancora, quasi io fossi la madonna e potessi risolvere loro i guai. Negli anni ormai ho anche dei veri e propri fan che non sono più io ad aiutare, bensì sono loro che mi appoggiano in tutto quello che dico e faccio. Di fronte ai casi nuovi Sandro spesso si commuove, interiorizza tutti i disagi. Io cerco invece di mantenere un atteggiamento più distaccato, ma devo dire che poche volte ci riesco. Le risposte comunque le diamo, ma quello che mi brucia dentro è che a volte questo succede solo se i disabili conoscono il mio ruolo e arrivano a me. Mi piacerebbe moltissimo che ci fossero più informazioni e comunicazioni corrette, in modo che la gente, al di là di Ileana Argentin, possa riuscire con i soli servizi territoriali a risolvere le piccole e grandi difficoltà.

Capita comunque alcune volte di farsi delle grasse risate. Ad esempio c'è una signora di Tor Bella Monaca che arriva sempre con conigli morti e polli sgozzati al fine di farmi dei regali genuini. Insomma, in quelle stanze del pianterreno del V Dipartimento in viale Manzoni succede veramente di tutto. Gli archietti Empler e Clemente continuano a dire che sono intercambiabili, l'avvocato Brugnoli imposta posizioni professionali tentando lo stile di Paul Newman, Lucia la segretaria si trucca e il tal disabile mi chiede come accedere alle roulotte delle donne di strada. Cosa dire. Un delirio umano con apici di controllo amministrativo, ma tanta voglia di fare squadra e di garantire diritti per tutti. I momenti più tesi dell'ufficio sono quando chiama la segreteria del sindaco Veltroni per sollecitare un intervento sociale o richiamarmi per una dimenticanza o un errore nella programmazione di alcune attività. Il sindaco non accetta errori e io faccio di tutto perché ciò non avvenga, ma siamo tutti umani, figuriamoci io con questo bel viso... peccato!?

Durante la giornata i miei spostamenti, a causa della fisioterapia che faccio tutti i giorni alle tredici, mi costringono ad attraversare tutta la città. L'incubo della terapia è collegato a mia madre, che per niente al mondo mi concede di rimandarla o di non farla.

Nella mia vita i fisioterapisti sono sempre stati una persecuzione, anche se con alcuni di loro sono diventata amica. In particolare ricordo, quando ero piccola, Luciana poi Teresa, Antonio Gallo, Lavinia, e oggi Pierpaolo. Pierpaolo è un ragazzo quarantenne, un omone che viene dalla Sardegna, ama parlare di cibo e della sua terra e ha una grande passione per il suo cane Rolf.

I movimenti che facciamo sono per lo più passivi, ma impieghiamo più di una ventina di minuti sui quarantacinque giornalieri a fare respirazione. Lui parla tanto e fa di tutto per far volare il tempo e a dire la verità ci riesce anche bene, ma la costrizione della sua presenza, soprattutto quando sono molto presa dal lavoro, la sento moltissimo. L'estate ad agosto per una ventina di giorni interrompo la terapia, per le vacanze, ma mia madre mi sta addosso perché riprenda al più presto. Quando ero piccola gli esercizi passivi li detestavo, mi sembrava una gran perdita di tempo, mentre oggi sono il momento migliore perché mi permettono di rilassarmi. Il tempo della respirazione, invece, in cui devo metterci forza e attenzione, è il peggiore.

Tornando ai miei ritmi lavorativi, non posso fare a meno per il mio ruolo di presiedere centinaia di migliaia di convegni, seminari e incontri politici di ogni tipo.

Questa parte della mia attività la trovo sempre più pesante. Sono convinta, ormai da qualche anno, che è tempo perso parlare di tutto e di niente. Credo invece nell'ascolto della gente e mi sento trascinata sempre più da una voglia irrefrenabile di fare, di concludere, dare risposte.

La gente con disabilità molte volte è chiusa in casa per mancanza di servizi e sono convinta che non gliene importa niente di tutti quegli sproloqui che si fanno nelle sale del potere. Incontrarli, seguirli, questo è quello che vogliono, anche perché la cultura dell'handicap è cambiata e può cambiare ancora solo se si passa dalle normative alla realtà. Io vado spesso in televisione e sono continuamente intervistata, questo mi lusinga ma la comunicazione molte volte viene gestita dai giornalisti in modo banale e poco costruttivo, tanto che, sempre di più, sto attenta a controllare il senso delle trasmissioni a cui partecipo.

Sono comunque innamorata del mio lavoro, mi piace progettare, costruire e cambiare le idee e il modo ottuso di molti «politici» nell'erogazione dei servizi. Per questo finché avrò forza non mollerò e continuerò a dar voce a tutti quei soggetti deboli che non possono farlo.

Rocco

Io Ileana l'adoro. Lecco sempre le sue mani e la seguo in ogni suo movimento.

Sono Rocco, il suo cane. Le ho fatto passare la paura degli animali. Spesso, di solito la domenica, mi sdraio su un telo sopra il lettone suo e di Sandro. Lei a quel punto mi può accarezzare e io sono felice.

Il mio padrone è Sandro. È lui che mi dà da mangiare e gioca con me, ma senza la principessa non sono completo. Quando ho paura vado sotto la sua carrozzina e lei mi consola cantandomi canzoni e dicendomi che sono il suo biondo preferito.

Sono un Gold Retriver tutto peli e morbidezze. Qualche volta abbaio, perché Anna Maria sostiene che non devo essere un cane muto.

Sono straviziato. Ogni giorno mi regalano un osso e la pappa per me è sempre una festa.

Ileana acquista ogni succulenza e i biscotti non mancano mai, per quanto, essendo fissata con le diete, me li compra light.

La domenica usciamo spesso insieme tutti e tre, e io seguo la sua carrozzina che è per me un punto di riferimento.

Lei non mi sgrida mai, mi fa sgridare da Sandro, e io ho capito che è una gran furba.

Nessuno la deve avvicinare quando ci sono io. Sandro le da troppi baci per i miei gusti, ma essendo il mio padrone glielo permetto.

È fissata con la pulizia della casa e i miei peli caduti la disturbano moltissimo. All'inizio facevo pipì in casa ora però mi hanno spiegato che devo uscire.

Tre mesi fa sono stato operato di displasia dell'anca e mentre tutti si preoccupavano della mia salute e del mio recupero, lei piangeva perché mia avevano depilato ed ero diventato bruttino.

La sua carrozzina mi piace parecchio, anche se a volte mi sale sulla coda e mi fa abbaiare. Mi sfogo per un po' e poi la perdono, immediatamente. Lilli mi fa grandi feste e rimedio anche qualche triste biscotto, di quelli light appunto.

Non ho capito perché Sandro mi porta al guinzaglio e lei no, così come ancora non mi è chiaro perché parla con me ma non mi accarezza mai. Nonostante queste azioni, che non costituiscono per me un problema, so che mi difende sempre e mi ama moltissimo.

Preferisco giocare con Sandro perché facciamo la lotta ma, tra un salto e l'altro, non la trascuro mai e torno da lei elargendole una slinguazzata o due. Poi riparto per misurarmi con il mio padrone.

La sua macchina, dove c'è una pedana che scende e sale elettronicamente, quando ero cucciolo mi faceva paura.

Ora non più, so che devo aspettare e salire dopo di lei e che non mi lasciano mai da solo.

Sandro

Io Ileana l'ho conosciuta e me ne sono innamorato. La mia vita è stata piena di strani eventi e di scelte poco pensate. Sono nato in una famiglia che adoro e ho trascorso le mie giornate cercando una serenità che spesso mi è sfuggita. Mi ritengo un uomo allegro ma non spensierato. Sono sempre pronto a capire questo strano mondo, che non è per tutti.

Non vengo da una famiglia agiata, ma dignitosa e capace di provvedere a tutto quello che può servire a un figlio. Da adolescente ho avuto dei trascorsi un po' pesanti, ma tutto è rientrato quando ho cominciato ad avere voglia di vivere la mia vita fino in fondo.

Nel periodo in cui mia sorella mi ha presentato Ileana stavo lavorando per una ditta di macchinari per cinema e concerti, e inoltre, nei tempi morti, mi occupavo di aggiustare macchine e moto in un'officina meccanica. La proposta di cambiare lavoro e di presentarmi a quel colloquio per fare l'operatore sociale fu più un'iniziativa di Daniela che mia, io andai solo per curiosità.

Nell'entrare nello studio del mio scricciolo, mi sentivo sereno e distaccato, ma appena ho cominciato a parlare con lei ho capito che mi piaceva e che non sarebbe finita lì. Così è stato, e da quel giorno, nonostante le difficoltà e i momenti brutti, che comunque fanno parte della quotidianità, non ho mai smesso di stare accanto a Ileana.

Lei è la mia donna, è mia, sono preso epidermicamente da lei e il profumo della sua pelle mi fa impazzire. La sua mente cavalca mille idee al minuto e niente la fa arrendere nell'andare avanti. È pazza per la madre, e non rinuncia a lei per niente e nessuno, ama la sua famiglia, ma critica tutto ciò che non le piace.

Sono convinto che l'handicap non incida sul nostro rapporto, ma non mi nascondo dietro al fatto che il suo non movimento ha fatto di lei una persona complessa e che nella quotidianità a volte i limiti per noi sono maggiori rispetto agli altri. Molte sono le cose che facciamo con più fatica e per iniziare il nostro rapporto ha sicuramente avuto tempi più lunghi. Per noi uscire la prima volta o partire per un viaggio è stato più complicato, ma ne è valsa la pena in ogni caso, e guardandomi intorno mi accorgo che mentre tanti altri subiscono la vita, noi la cavalchiamo con forza ed entusiasmo. Spesso provo a mettermi nelle sue posizioni cercando di stare fermo e copiare i suoi pochi gesti, per vedere se riesco a provare le sue stesse sensazioni, ma la cosa mi fa talmente paura che smetto immediatamente e vado alla ricerca del suo collo per sbaciucchiarla cercando di trasmetterle la mia energia. Con lei ho fatto migliaia di cose tra cui la campagna elettorale e il «grattacheccaro» alla Festa dell'Unità.

Tutto ha un senso nel suo viaggio verso l'obiettivo della rivendicazione dei diritti, ma le cose più belle sono e rimangono la nostra intimità e le chiassose discussioni di coppia che ci regaliamo ogni giorno.

La diversità non mi ha mai fatto paura, io per primo mi sono sempre definito un uomo particolare, e la normalità così come gli stereotipi dei valori e della bellezza non mi sono mai appartenuti. Io trovo che Ileana sia bella e non c'è niente del suo corpo che non mi piaccia, sono attratto da lei sessualmente ed emotivamente, non rinuncerò mai all'idea che il nostro amore è straordinario per come siamo noi due e non vorrei sostituire neanche un'unghia dei nostri corpi.

I suoi momenti peggiori sono legati quasi sempre al suo peso corporeo, infatti detesta il grasso e adora essere magra. Questo non perché, come molti possono credere, un chilo in più le crea difficoltà di movimento o di posizione, ma perché lei vuole essere bella e magra come ogni donna, e i suoi stress e le sue tensioni spesso le riversa sulla bilancia.

Io questo strumento, da quando la conosco, lo odio. Quando ci pesiamo la giornata può cambiare a causa di un grammo in più o un grammo in meno, perciò mentre tutti immaginano che i problemi di Ileana sono collegati ai dolori della sua patologia, io so che il suo umore fa i conti con le maledette bilance. In casa ne abbiamo quattro. Molte volte si convince che sono vecchie e non più in grado di fare al meglio il proprio lavoro, così le sostituisce e ne compra altre, ma prima o poi giuro che le brucerò tutte.

Per pesarla la prendo in braccio e in due saliamo sulla bilancia; pesando io intorno ai novantacinque chili, viene fuori un peso superiore ai cento, che solo a leggerlo fa paura; sono comunque diventato un artista della sottrazione e così velocemente posso dirle quanto pesa.

I momenti più difficili li passiamo quando si guasta la sua carrozzina e la deve cambiare. Lei non ragiona più, è come se prendesse consapevolezza del suo handicap, la disperazione cade totalmente su di lei e non c'è niente che riesca a consolarla. In quei momenti odia tutti, mamma Anna Maria compresa. Lei ama la sua carrozzina, dice che per lei è come un braccio o una gamba, ed è facilmente comprensibile, ma non accetta la soluzione con pazienza. Si autoinfligge sofferenze mentali di ogni tipo, finché la sua «spider» non riparte. Gli insulti e le imprecazioni di quei momenti sono inenarrabili, non ci sono baci che la consolano e ormai ho imparato a starle accanto in un sacro silenzio fino a quando finisce tutto. La scuola di mia suocera dà ottimi insegnamenti in questo senso, e io mi adeguo.

Anch'io ho dei momenti ingestibili e lei che ama parlare e condividere ha imparato a starmi accanto in silenzio, accarezzando la mia mano, stringendola alla sua. Io adoro tenerla per mano. La stretta è quasi inesistente, ma la sua morbidezza mi trasmette un piacere unico.

La nostra storia fin dall'inizio si è basata sulla fisicità, e sulla comprensione e intesa immediate, noi abbiamo una complicità tutta nostra in cui nessuno riesce ad entrare e che ci permette quando siamo insieme di non sentirci mai soli.

Come si sarà capito sono pazzo di lei e della sua pelle, le altre donne le vedo, riconosco che sono belle ma non le cambierei con la mia principessa. Il nostro nucleo si è allargato nell'ultimo anno con la presenza di Rocco, il nostro cane che viziamo e adoriamo pur cercando di umanizzare il meno possibile. Ileana potrebbe avere figli ma, essendo colpita da una patologia genetica, vive nel terrore che potrebbe ripresentarsi la sua situazione in una creatura, così che rifiuta l'idea di farlo e pur amando profondamente i bambini preferisce non affrontare l'argomento. Il suo senso materno è comunque altissimo, non può fare a meno di fermarsi a guardare tutti i bambini che passano e da sempre ha in mente i nomi che metterebbe al suo maschio o alla sua femmina: Claudia e Riccardo. Il suo sogno nel cassetto è dirigere un asilo nido, anche se non si sente in grado di farlo, ma io credo che sarebbe bravissima e che nessun bambino al mondo potrebbe resistergli.

Ama in particolare i suoi due nipoti, Monica e Alessandro. Di loro conserva nella mente l'infanzia e l'adolescenza, non dimenticando però mai che non le appartengono e che sono «proprietà» di Patrizia e Andrea. Tra loro c'è un legame molto forte. Hanno imparato a condividere e comprendere appieno le battaglie che Ileana conduce contro le barriere fisiche e culturali.

Vive nell'incubo dell'orologio, lo guarda continuamente, e chiede ogni volta che può che ore sono. Non so perché, ma immagino che la sua voglia di fare le imponga di controllare i tempi.

Con lei mi ritengo un uomo completo, ma so di certo che quello che le piace di più di me è la mia forza fisica perché con questa si sente sostenuta e tutelata.

Da dicembre scorso viviamo insieme, lei mi cucina e prepara per me lavatrici e panni stirati, si fa aiutare da una domestica, ma anche se può sembrare strano riesce a dare l'idea che sia lei in prima persona a fare tutto.

Le nostre vacanze al mare o in montagna sono sempre burrascose perché io amo dormire e rilassarmi, mentre lei gira tutto il giorno e non dorme mai; il compromesso è quasi impossibile, tanto che il momento in cui stiamo meno insieme sono proprio le vacanze. Quando partiamo la nostra macchina è sempre stracarica, perché oltre alle consuete valigie ci portiamo dietro di tutto, inclusa la poltrona gonfiabile per la doccia. Una volta siamo andati a Perugia: non vi dico come ci guardavano quando siamo entrati nella hall dell'albergo. La poltrona arancio da piscina stragonfia l'ho fatta entrare a forza in ascensore così che l'hotel a cinque stelle per sette minuti era divenuto una sorta di bazar, e gli occhi del direttore stavano per uscire dalle orbite, ma come si sa ai disabili si perdona tutto, e quindi noi siamo entrati con grande disinvoltura e scioltezza. Di recente abbiamo deciso di comprarci un camper accessibile per girare come meglio ci pare, senza andare alla ricerca di bagni attrezzati e di ingressi senza scale.

Quando la gente mi chiede com'è la nostra storia, io penso sempre quale strano motivo induce gli estranei a non farsi gli affari propri, ma la cosa peggiore è che quando rispondi che tutto va bene e che sei felice, nessuno ci crede. Hanno già in mente una risposta e non vogliono che venga messa in discussione. Io credo che questo avvenga un po' a tutti ma per quanto mi riguarda questo atteggiamento culturale mi porta sempre di più a relazionarmi invece che con equilibrio in modo conflittuale. Cerco il pretesto per discutere. Ileana non è così, parla e spiega le cose anche per ore alla gente.

Io auguro a chiunque di trovare una Ileana nella propria vita, a me ha stravolto il cuore e la testa ma attenzione… lei ha un gran bel viso e vi assicuro che non è un peccato.

Finito di stampare il 7 marzo 2007
per conto di Donzelli editore s.r.l.
presso la Società Tipografica Romana
Via Carpi, 19 - 00040 Pomezia (Roma)